桥梁结构的力学行为分析与安全评估

叶建胜 著

人民交通出版社股份有限公司
China Communications Press Co.,Ltd.

内 容 提 要

本书以我国一些城市的部分在役复杂立交桥梁为研究对象，通过分析立交桥梁主桥与匝道互动特性及截面变形、应用分布规律，提出了考虑约束扭转、畸变、剪力滞效应及互动性样条薄壁有限梁段计算理论，建立起合理的立交桥梁结构互动空间梁桥分析模型，就复杂立交桥梁结构互动破坏致灾机理进行描述，从结构设计方面提出了解决城市立交桥梁结构外荷载作用下的互动破坏防灾技术。

本书对于桥梁施工及设计人员具有重要参考价值，也可作为高等院校道路桥梁工程技术专业学生的学习参考资料。

图书在版编目(CIP)数据

桥梁结构的力学行为分析与安全评估 / 叶建胜著.
— 北京 ：人民交通出版社股份有限公司，2017.9
ISBN 978-7-114-14159-1

Ⅰ. ①桥… Ⅱ. ①叶… Ⅲ. ①桥梁结构—研究 Ⅳ.
①U443

中国版本图书馆 CIP 数据核字(2017)第 218805 号

书　　名：桥梁结构的力学行为分析与安全评估
著 作 者：叶建胜
责任编辑：任雪莲
出版发行：人民交通出版社股份有限公司
地　　址：(100011)北京市朝阳区安定门外外馆斜街 3 号
网　　址：http://www.ccpress.com.cn
销售电话：(010)59757973
总 经 销：人民交通出版社股份有限公司发行部
经　　销：各地新华书店
印　　刷：北京鑫正大印刷有限公司
开　　本：720×960　1/16
印　　张：8.75
字　　数：146 千
版　　次：2017 年 9 月　第 1 版
印　　次：2017 年 9 月　第 1 次印刷
书　　号：ISBN 978-7-114-14159-1
定　　价：45.00 元
(有印刷、装订质量问题的图书由本公司负责调换)

前 言

随着我国经济的持续快速增长、现代物流业的迅速发展与城市化进程速度的加快，对道路通行能力提出了更高的要求。采用快速交通和修建立交枢纽工程成为解决道路通行能力问题的有效途径。立交桥梁结构能使道路线形顺畅，减少对地面交通的影响，解决桥面交通与地面交通之间的矛盾，可以有效地起到缓和交通拥挤的作用。一般情况下，立交桥梁结构是由主线桥和匝道桥梁结构相互组合形成，它是一种具有弯、坡、变宽等特点且受力复杂的桥梁结构形式。在外力作用下，立交桥梁主桥与匝道结构的相互联系和制约等，使得约束扭转和畸变效应比较突出。

长期以来，在立交桥梁的设计、施工或养护过程中，一般采用经典力学理论以及基本梁单元进行力学行为分析，并加以简单处理，此类分析方法虽然简单方便，但可能对其受力行为把握不准，往往会导致立交桥梁结构在服役过程中产生各种安全隐患。特别是现役的立交桥梁，在受到复杂的外界条件影响下，对其结构的可靠性进行分析就显得尤其重要。探索复杂立交桥梁结构的力学行为，包括主桥和匝道的互动效应，是工程应用中必须解决的关键技术问题，具有重要的理论意义和工程实践应用价值。鉴于立交桥梁结构的特殊性及其在城市交通中的重要地位，针对我国目前在役部分立交桥梁结构的使用现状，探索有关立交桥梁主桥与匝道互动特性及截面变形、应力分布规律，为复杂立交桥梁结构的互动破坏提供新的防灾设计方法，为城市立交桥梁结构在互动破坏设计、城市立交桥梁安全运营的可靠性评估提供科学依据，从而为确保城市立交桥梁结构运营安全、提高城市防灾减灾能力等方面提供新的评价方法，是作者撰写本书的初衷。

本书以我国一些城市的部分在役复杂立交桥梁为研究对象，通过分析立交桥梁主桥与匝道互动特性及截面变形、应力分布规律，提出了考虑约束扭转、畸变、剪力滞效应及互动性样条薄壁有限梁段计算理论，建立起合理的立交桥梁结构互动空间梁格分析模型，就复杂立交桥梁结构互动破坏致灾机理进行描述，从结构设计方面提出了解决城市立交桥梁结构外荷载作用下的互动破坏防灾技术。本书旨在为复杂立交桥梁结构的互动破坏分析提供理论依据，为复杂立交桥梁结构的互动破坏提出新的防灾设计方法，使城市复杂立交桥梁结构互动破坏致灾得以控制，减少因互动作用而破坏致灾事故的发生。

本书以原浙江省科技厅课题“复杂立交桥梁结构的互动关键效应与防灾技术”(2012C21103)的研究成果为基础，通过近年来的技术应用与实践总结撰写而成。

本书在撰写过程中参考了相关文献或论著，在此谨向有关编著者表示衷心的感谢。本书在撰写过程中得到了浙江交通职业技术学院王建林教授的大力支持，在此致以诚挚的谢意。

因作者水平有限，书中错误或不当之处在所难免，敬请读者指正。

浙江佳途勘测设计有限公司　叶建胜

2017 年 5 月

目 录

第1章　绪　　论

1.1　复杂立交桥梁概述

1.1.1　典型复杂立交桥梁的定义

随着我国交通事业的迅猛发展,建设立交桥已经成为城市发展的一种趋势,而复杂的立交桥梁结构往往可使道路线形顺畅,可以有效减少对地面交通的影响,同时可较好地解决桥面交通与地面交通之间的矛盾,从而起到有效解决交通困难问题或缓和交通拥挤的作用。典型的复杂桥梁如图1-1所示,它表现为主线桥梁与匝道桥梁的连接结构,是一种目前广为应用的异形桥梁结构形式。从复杂立交桥梁结构形式的特点以及已建桥梁结构的使用情况看,典型的复杂立交桥梁结构一般具有以下几方面功能:

(1)典型的复杂立交桥梁结构可以通过合理设置立交桥梁主线和匝道的平面线形,有效处理好平曲线设计的技术难题。

(2)从交叉口的交通组织看,复杂立交桥梁结构能够较好地解决交通量的分流问题。

(3)立交桥梁结构能使不同走向的道路联系起来,为行车带来极大的方便。

a)杭州上塘路和德胜路高架立交桥梁

b)杭州秋石高架立交桥梁

图1-1　典型复杂立交桥梁

(4)在城市高架和立交枢纽中,典型的复杂立交桥梁结构能有效克服地形条件限制,使交通更顺畅。

(5)复杂立交桥梁结构能较好地解决桥面交通与地面交通的矛盾。

1.1.2 立交桥梁结构的发展概况

立交桥梁的发展基于社会需求及成熟的技术条件而产生。最早采用的立交桥梁是封闭式立交,即在相交路口处仅设置一座主跨桥梁,上线与下线之间没有设置匝道。后来随着社会、经济的不断发展和交通量急剧增长,需要采取相应的措施以提高交叉口处的整体通行能力。采用复杂的、丰富多样的分岔,立交桥梁结构和相应的技术也就逐步发展起来。

在国外,立交桥梁的建设最早开始于20世纪80年代。与国外相比,我国相应的立交桥梁建设虽然起步较晚,但随着我国高速公路、城市道路和大型交通枢纽的兴建,薄壁箱梁、曲线梁结构的广泛运用,复杂立交桥梁结构在高架桥和立交枢纽结构的交通分流中发挥着越来越重要的作用,在近二十年里取得了巨大发展,并收到显著的经济、社会和环境效益。

从国内外立交桥梁的发展情况可以看出,修建立交桥梁的主要目的是利用有限的地形和地势来解决交通拥挤问题。因此,立交桥梁通常修建在公路交通枢纽或城市道路交叉处。立交桥梁的发展是基于社会的需求以及相应技术条件的成熟而产生的,它的发展有其自身因素和客观因素,自身因素是指相应技术条件的发展与成熟,客观因素是指社会的需求。随着我国经济的持续快速增长、城市化进程速度的加快,对道路通行能力也相应提出了更高的需求。

从国外早年修建的立交桥梁以及我国近年来已建立交桥梁的使用状况来看,不少立交桥梁的不同构件出现了不同程度的病害,主要有梁体开裂、支座脱空、梁体变形较大等。下面列举了我国近年来新建的一些规模较大的城市高架工程和立交枢纽工程中具有代表性的复杂立交桥梁结构示例,如图1-2和图1-3所示。

图1-2 安徽淮北高架桥上的复杂立交桥梁结构

图1-3 杭州复兴立交桥梁结构

1.1.3 立交桥梁的结构形式及受力特点

1.1.3.1 立交桥梁的结构形式

(1)结构采用连续梁体系。

(2)采用抗扭、抗翘曲性能好的箱形截面,而且截面的宽厚比(b/t)接近或大于10,即属于薄壁箱梁结构。一般地,当跨度为16~25m时,采用混凝土薄壁箱梁结构;当跨度为25~35m时,采用预应力混凝土薄壁箱梁结构;当跨度为35~50m时,则可以选择预应力混凝土薄壁箱梁或钢箱梁结构。

(3)与主桥相接的曲线匝道桥,曲率半径一般为40~60m,属于小半径的曲线梁结构。

1.1.3.2 立交薄壁箱梁结构交叉处异形段的典型构造形式

在异形交叉段构造形式上,立交薄壁箱梁结构往往根据结构上、下部位的不同特点以及地面交通要求进行设计。总的来说,立交薄壁箱梁结构的主要构造形式可以归纳为以下两种:

(1)主桥与两分岔相接的横梁处开始分成两支独立的桥梁结构,施工时先浇筑主桥,然后才在两支线的连接处浇筑顶板、底板、翼缘板及小半径曲线腹板。这种结构适用于两支线的交角不大及桥面不宽等情况,如图1-4所示为华南快速干线上一处异形交叉段。

(2)通过增加变宽箱室的结构形式实现变宽。这种结构适用于两支线的交角较大且桥面较宽的情况。

绝大多数的立交薄壁箱梁结构在主桥箱梁开始分离出两支线箱梁(或有内腹板增加)处都设置了厚度为1.30~1.80m的内横梁,内横梁下设置独柱墩或双柱墩。

1.1.3.3 立交薄壁箱梁的受力特点

一方面,立交薄壁箱梁结构的受力情况复杂,包括薄壁直线箱梁与薄壁曲线箱梁两种情况;另一方面,在进行受力分析时,需要考虑桥梁宽度变化、坡度变化和曲率变化三种空间因素的影响,所以立交薄壁箱梁结构的力学性能相对复杂。由于复杂立交桥梁结构在理论上采用薄壁箱梁截面,因此约束扭转和畸变效应较突出;同时由于复杂立交桥梁结构两分岔结构的相互联系和制约作用,又使得约束扭转和畸变效应更加显著。如果箱形梁及其翼缘较宽,则剪力滞产生的效应非常突出。总之,立交薄壁箱梁结构在荷载作用下除了产生拉、压、弯曲和剪力外,还将产生扭转、畸变,对宽翼缘箱梁还必须考虑剪力滞现象,同时由于曲率的影响,某些变形是耦合的[1]。

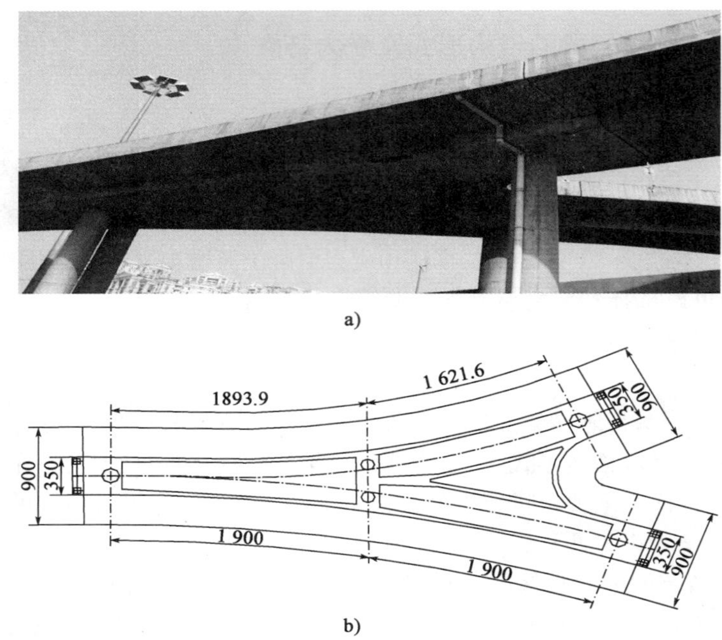

图 1-4　华南快速干线的一个异形交叉段(尺寸单位:cm)

1.2　立交桥梁理论分析与计算方法的研究现状

1.2.1　立交桥梁理论分析研究现状

立交薄壁箱梁结构集直线梁、曲线梁及薄壁箱梁结构等多因素于一体,其中,薄壁直线箱梁的理论分析通常采用薄壁梁的弹性解析理论和弹性薄板理论,薄壁曲线箱梁的理论分析通常采用弹性薄壁箱梁理论、曲线梁格理论及弹性薄板理论。

1)弹性薄壁箱梁理论

薄壁梁的弹性解析理论是在原来的初等梁理论(满足于平截面、断面形状不变及圣维南扭转假定)基础上,再补充考虑约束扭转、畸变、剪力滞以及它们的耦合作用等因素的影响,以使解析理论更合理地反映薄壁梁结构的固有变形特性。对薄壁箱梁曲线梁的研究始于 20 世纪 50 ~ 60 年代,苏联学者符拉索夫(Vlasov)针对小曲率曲线梁提出了开口断面薄壁曲线梁的约束扭转计算理论。

其后,乌曼斯基又将其理论推广到闭口截面,提出了闭口截面薄壁杆件约束扭转的计算理论。德国学者达勃鲁夫斯基(Dabrowski)则是以对称断面为对象,提出了考虑翘曲变形影响的开口及闭口薄壁曲线梁解析理论。而后,日本学者小西·小松、仓西、深泽[2]导出与小曲率曲线梁计算理论相衔接的解析理论。我国学者李国豪[3]提出了可适用于大曲率薄壁曲线梁的解析理论。

2)弹性薄板理论

弹性薄板理论适用于梁的跨度 L 和梁的宽度 B 之比小于3 ~4 时,结构的变形特性、应力分布情况与梁格理论的基本假定相差较大的情况[4-6]。薄板理论大致可分为两大类:一种是板弯理论或线性(小挠度)理论,另一种是中厚板理论。前者是以经典的基尔霍夫(Kirchhoff)假设为前提,忽略了横向剪切对挠度的影响,是一种近似的理论;后者考虑了剪切变形,是一种精确的理论。这两种理论通常作为板壳有限元分析方法的理论依据。在对薄壁曲线箱梁用板理论进行分析时,当箱梁的壁厚比较薄时,为了简化计算过程,普遍采用板弯理论。此外,针对薄壁曲线箱梁的结构特点,将薄板理论用于薄壁曲线箱梁的分析理论的还有比拟正交异性曲板理论和折板理论。

3)曲线梁格理论

曲线格子梁分析法的思路,是用一个等效梁格来代表桥梁的上部结构,分析此梁格就可得到曲线梁的变形和内力。曲线梁格理论易于理解,便于使用,是分析箱梁的一种实用方法。但曲线格子梁法未考虑剪力滞,以及顶、底板局部弯曲,且计算的前处理和后处理工作量较大。

1.2.2 立交桥梁计算方法研究现状

随着近年来我国城市建设和交通的发展,在薄壁曲线梁的研究基础上,渐渐开始了对立交异形桥梁结构的研究。与此同时,相继提出了各种计算方法,归纳起来基本上可分为解析解、半解析解和数值解三类。薄壁直线箱梁结构的计算方法通常采用解析法、半解析法和数值法,薄壁曲线箱梁主要的计算方法有解析法和数值法。

1)解析法

解析法是在一定的假设基础上,根据结构力学和弹性力学的理论建立方程求解立交桥梁的内力,但解析法很难直接应用于桥梁的力学分析。

单纯扭转理论:即将复杂立交桥梁结构当作集中在梁轴中心线处的弹性杆件处理,并认为受荷载后,横断面仍然保持平面(即不发生翘曲),且截面形状保持不变(即不发生畸变)。单纯扭转理论概念清楚,计算简便,这种理论一般能

适用于宽跨比 $L/B \geqslant 4$ 的所有实体截面及箱形截面的混凝土立交窄桥。

翘曲扭转理论:考虑翘曲扭转影响的弹性薄壁曲杆理论也是将复杂立交桥梁结构中的曲线部分视为单根薄壁曲线梁桥进行分析,因此适用于宽跨比 B/L 较小的曲线窄梁桥的力学分析。弹性薄壁曲杆理论是在弹性薄壁直杆理论的基础上提出的,考虑截面扭转翘曲、畸变影响的弹性薄壁曲杆理论是由符拉索夫(Vlasov)[7]和达勃鲁夫斯基(Dabrwski)[8]提出的,基于上述理论的微分方程虽然可计及包括翘曲和畸变变形在内的影响,但较难直接应用于桥梁力学分析,这主要是因为:第一,很难求得方程闭合解(解析解)的表达式;第二,很难处理实践中常见的集中荷载、弹性支承、变截面、变半径等情况。

2)半解析法

半解析法是桥梁工作者们设法探讨的比较适用的计算方法,不少人自然想到将直线梁桥的实用空间理论推广到立交桥梁的分析中。这就将立交桥梁中的曲线部分的空间分析近似地分解为横桥向和纵桥向,并对其分别进行处理,使分析工作大大简化。这时,曲线梁的空间工作特性可通过内力或荷载的横向分布系数来体现。而利用内力或荷载的横向分布系数分析桥梁结构,实质上是在一定的误差范围内寻求一个近似的内力影响面来代替精确的影响面。这个近似的影响面通常要求纵桥向和横桥向均具有相似的影响线图形,而理论计算和模型试验结果都验证了曲线梁能满足这一计算方法的前提。

3)数值分析法

数值法是研究中最常用的一种力学分析方法。当结构的边界条件较复杂时,采用差分法和变分法等数值分析方法即可将问题简单化。20 世纪 60 年代以来,有限元法的理论基础和方法已趋于成熟,随着高性能计算机技术的迅猛发展,有限元法已成为当今工程技术领域应用最为广泛、成就最为显著的数值分析方法之一。对于复杂的几何形状和空间受力结构,需采用三维实体单元对其进行更为精确的分析,而单元位移模式的选择是有限元方法分析过程的关键,它影响其结果的有效性和可信性。基于有限元理论的数值分析方法因其方法简单、适用范围广(易于处理工程中常见的多跨、变截面、变半径等复杂工况)、运算速度快,广泛应用于复杂立交桥梁结构的互动关键效应分析。但在分析过程中,需根据结构形式、结构特点及其解决问题的内容不同而选择恰当的单元模式,以期获得较好的分析精度。我国的李乔教授从壳体方程出发,利用广义坐标法原理,建立了空间曲线薄壁箱梁的控制微分方程,并利用有限元法进行数值计算。段海娟、赵人达等[10-14]以广义符拉索夫薄壁梁理论为基础,基于板梁模型,推导出一种能模拟拉压、弯曲、扭转、剪力滞效应和横向剪切等作用,提出了一种 18 个自由度2节点曲线箱形梁空间分析的曲线梁单元。

下面介绍几种立交桥梁常用的建模单元。

(1)空间梁元模型。若将立交桥梁曲线结构当作集中在梁轴心线处的弹性杆件处理,并认为受载后横断面仍保持平面(即不发生翘曲),且截面形状保持不变(即不产生畸变),就可以将其离散为有限个空间直梁或曲梁单元。空间梁元模型简单,易于程序的实现,但采用这种模型要求桥梁宽跨比不应太大,一般当跨度为边肋或腹板间距的3~4倍时方可能满足精度要求。

(2)空间薄壁箱梁元模型。在空间梁元的基础上,将薄壁梁理论直接与有限元方法相结合,在6个自由度的初等梁公式上,增加3个附加自由度[15],即扭转翘曲位移、畸变角位移、畸变翘曲位移,以及考虑翘曲、畸变及剪力滞效应的10个自由度的薄壁箱梁理论[1],从而形成空间薄壁箱梁单元,如图1-5所示。这样,既将曲线梁结构按流动坐标系作了简单的一维离散,又不忽略其主要的结构特性。

(3)空间梁格模型。梁格法的实质就是用一个等效的平面梁格或空间构架来代替实际弯梁的上部结构。梁格法的关键在于其与上部结构的等效性,即在相同荷载作用下,做到二者间内力和变形相同,等效与否将会严重影响结构分析的精度,故梁格的划分就显得尤为重要。建立空间梁格模型时,要视上部结构断面形式的不同进行不同形式的梁格单元划分和截面特性计算,划分过程均需遵循等效性原则。典型的梁格模型如图1-6所示。

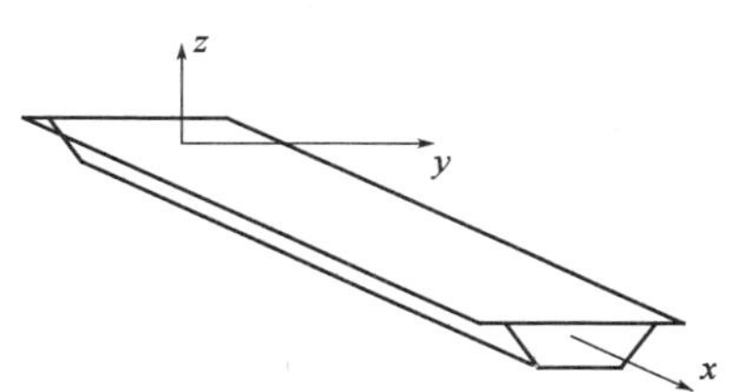

图1-5 空间薄壁箱梁元

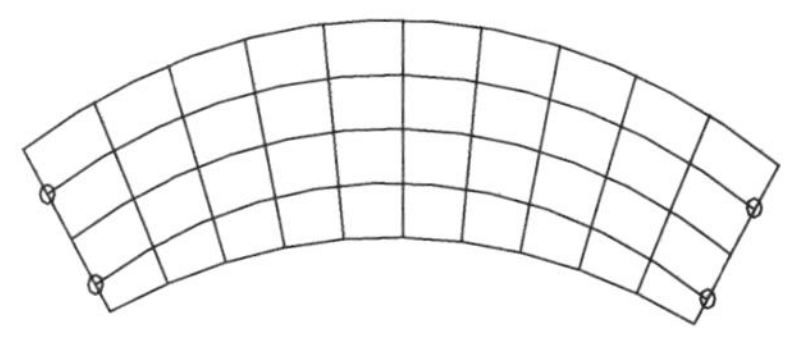
图1-6 结构离散的空间梁格模型

(4)实体、板壳模型。当采用板壳单元或块体单元对弯梁进行三维离散时,虽然可以充分计入翘曲、畸变、剪力滞,以及泊松比等影响,但是此种计算模型也有其缺点,即计算分析所需准备和处理的数据量极大,若分析程序无前处理模块和模型校验模块,很难保证分析结果的正确性。文献[9]中分别采用了8节点三维线性协调单元、8节点三维非协调单元及20节点三维等参曲边元3种不同的实体单元对结构受力复杂的连续曲线箱梁进行空间应力分析。分析结果表明:8节点三维协调单元的位移函数仅为一阶,其单元内应力呈常量分布,不适应结构的变化应力场，其单元表现出过“硬”的特性。8 节点三维非协调单元的位移插值函数为二阶，单元内应力呈线性分布，较好地适应了结构应力场变化。对于曲线梁，由于受到径向与周向位移耦合的影响，则会引起不合理的伪剪力，但对于工程中所关心的主要应力及变形，其精度能满足工程要求。该单元对计算机性能要求相对较低，计算速度相对快，对于结构的整体分析是一种比较合理且经济的单元。20 节点三维等参曲边元的数值模拟能力较强，但对计算机性能要求较高，在相同单元的情况下，其求解速度比 8 节点三维非协调单元慢得多，对较大的结构模型分析也很不经济，但可通过规划结构体的单元来降低计算费用。该单元适用于分析受力复杂的局部构造或规模较小、精度要求较高结构的整体分析。

目前，计算薄壁箱梁的约束扭转方程有位移有限元法、有限差分法等；计算薄壁箱梁畸变效应的有弹性地基梁比拟法、广义坐标法、影响线法[16]、能量法[17]、引入翘曲函数法等；计算薄壁箱梁剪力滞效应的有变分法、有限条分法等[18]。唐家祥、周世军[19]基于解析法提出能同时考虑弯曲、扭转、畸变的每节点 9 个位移自由度的有限元矩阵分析法。黄剑源、谢旭[20]继而提出能同时计算弯曲、扭转、畸变、剪力滞效应的每节点 10 个位移自由度的位移有限元法。随着近年来我国城市建设和交通的发展，在薄壁曲线梁研究上，也渐渐开始了对立交异形桥梁结构的研究。主要的研究工作有以下几方面。

(1)黄剑源[21,22]应用薄壁箱梁的格子梁分析方法对一座立交的异形曲线箱梁桥进行空间结构分析。然而，这种分析方法的不足之处在于曲线格子梁分析方法所考虑的位移自由度偏少，只考虑了挠度、挠曲角、扭转角和翘曲位移 4 个自由度，且采用等效梁格法难以把箱梁结构整体的抗扭刚度确切地反映出来，所以带有一定的近似性。文献[1]中选择了黄剑源、谢旭[23,24]所提出的理论，分别采用了薄壁箱梁的格子梁理论及空间板壳理论对典型的立交桥梁进行内力计算，并将理论计算结果与模型试验的实测值相比较，从分析结果上看，空间板壳理论的计算值较薄壁箱梁的格子梁理论计算值更符合实测结果，而格子梁分析方法由于难以把箱梁结构整体的抗扭刚度确切地反映出来，其理论值普遍小于结构实测值。

(2)丁汉山、邵容光等[25-27]提出采用样条子域法对平面异形桥梁进行数值分析，并用此方法对一平面立交桥梁——淮安市淮江公路运东闸复线大桥进行受力分析。样条子域法是样条有限条法的一种改进方法，其计算精度与样条位移函数的选择有关，而且是一种半解析解法。

(3)李平、吕福生[28,29]分别采用空间格梁理论和弹性薄壁杆理论建立两种理论模型，就青岛市某一立交主桥上分岔式组合结构箱梁结构进行解析，并采用实桥试验结果加以比较。从比较结果来看，弹性薄壁杆理论的计算值与实桥试验结果偏差较大，二者相差30%～35%，不能够真实地反映箱梁结构的受力行为；相比之下，空间格梁理论的计算值与实桥试验结果比较相符，二者相差5%～10%。这说明与弹性薄壁杆理论比，空间格梁理论可以相对准确地反映分岔梁桥的受力行为。

实际上，每一种计算理论或分析方法都有其各自的特点与适用条件，因此在决定采用任何理论或方法之前，首先应判定其计算对象对所采用的分析方法的假设条件是否满足要求，这对于使计算结果能更好地符合计算对象的实际工作状态十分重要。

1.3 目的与意义

笔者认为，随着弹性薄壁（直线、曲线）梁、弹性薄板等计算理论不断趋于完善，计算方法不断发展，已有许多学者应用有限（梁元、板壳元）法、有限梁格法、有限条分法等有限元程序对薄壁直线箱梁、薄壁曲线箱梁或特定的异形结构进行分析计算。但是，立交薄壁箱梁结构集直线梁、曲线梁及薄壁箱梁结构等多因素于一体，其结构具有多样性和受力复杂性等特点，而很多针对立交薄壁箱梁结构的分析理论是将薄壁直线箱梁和薄壁曲线箱梁进行单独分析，这样难以把结构中主桥与曲线匝道桥之间的相互影响及作用确切地反映出来，具有一定的近似性。目前针对立交薄壁箱梁结构的设计参数对结构受力行为影响规律的研究还很少，仍有许多具体问题有待于解决。比如，复杂立交桥梁结构中主桥与曲线匝道桥刚度的关系如何匹配？不同的约束条件又是如何影响结构的动力特性与受力行为？设置横隔梁后将如何影响复杂立交桥梁结构的受力行为？薄壁箱梁中如何合理设置横隔梁，以及横隔梁设置的位置与数量等。另外，需要考虑地形与纵坡度的影响，立交桥梁中匝道桥的纵向坡度一般为5%～7%，随着匝道纵向坡度的增加，其结构的整体受力行为将会如何变化等。

针对上述问题，本书的主要内容包括以下几个方面。

1）支承方式对立交桥梁动力特性的影响

复杂立交桥梁结构的主要特点如下：

（1）采用连续梁结构体系；

（2）结构截面形式通常采用薄壁箱形梁；

（3）匝道曲线部分的曲率半径比较小[30]。

理论上，复杂立交桥梁结构由于采用薄壁箱梁截面，因此约束扭转和畸变效应比较突出，同时由于复杂立交桥梁结构两分岔结构的相互联系和制约作用，使得约束扭转和畸变效应更加显著。如果箱形梁较宽或其翼缘较宽，则剪力滞产生的效应就会非常突出。本书是从不同形式的复杂立交桥梁结构中抽选出典型的复杂立交桥梁结构，通过动力特性试验，测出立交桥梁主桥及匝道的频率，从而进一步说明主桥及匝道就刚度的匹配关系，并对典型的复杂立交桥梁结构振动频率进行模拟分析，同时与动力试验测试结果进行比较，为立交桥梁的动力设计提供参考。

2）支承方式对复杂立交桥梁的结构受力行为影响

立交桥梁的支承方式一般分为抗扭支承和独柱式铰支承，抗扭支承具有较强的抗扭能力，而独柱式铰支承具有墩位布设灵活等特点。当立交桥梁设置独柱铰支承时，为使结构所承受的扭矩分布合理，应在铰支承处给予一定的预偏心，达到减小恒载扭矩及减小约束扭转效应的目的。所以，笔者试着从模型试验的研究出发，首先在分岔处采用抗扭支承，两曲线匝道间的竖向单支座设置为竖向偏心单支座，并通过静力试验反映出偏心距对结构受力的影响；然后将两曲线匝道间的竖向单支座处设置为竖向偏心单支座，分岔处采用偏心独柱式铰支承，并通过静力试验反映出偏心距对结构受力的影响。最后对典型的复杂立交桥梁结构的上下部结构之间的匹配关系进行模拟分析，以验证其静力试验测试结果，并在程序中变换设计参数，来进一步分析结构受力的行为影响规律。

3）横隔梁对复杂立交桥梁结构受力行为的影响

由于箱梁畸变、弯扭、翘曲变形以及剪力滞的存在，箱梁结构中对曲线箱梁结构的力学行为分析非常复杂。一般情况下，设计中在考虑上述因素的同时，还需要考虑以下几方面因素。

（1）箱梁截面由竖向变形与扭转的弯曲畸变应力和纵向正应力对结构的受力影响；

（2）横隔板自重所产生的弯拉应力与剪应力；

（3）施工工艺的多样性、复杂性；

（4）横隔梁间距对梁板结构的力学行为影响；

（5）横截面畸变引起的正应力[31]等。

4）匝道纵坡对复杂立交桥梁结构的力学行为分析

在城市立体交叉设计中，需要考虑地形、地势的影响。因为立交桥梁中曲线匝道桥的纵向坡度往往较大，为5%～7%；因此，我们可以在已建立的有限元板壳模型基础上，通过在程序中变换设计参数对结构进行模拟，来分析比较立交桥梁匝道纵向坡度分别取0%、3%、5%、7%时对结构的受力行为的变化规律，最终为立交桥梁的设计与施工提供参考。

综上所述,以基于典型的复杂立交桥梁结构为对象,运用有限元程序软件对其结构的相关设计参数进行深入分析,我们即可求解三种不同的约束条件下复杂立交桥梁结构的动力特性以及主桥与匝道之间的刚度匹配关系及其影响规律;也可以深入了解三种约束条件对结构受力行为的影响规律;同样,分析横隔梁与匝道纵向坡度对结构受力的影响规律,可得出复杂立交桥梁结构中最少横隔梁的个数及其位置。

本书的研究价值在于通过对以上内容的探究,分析出几个主要的结构设计参数对结构受力行为的影响规律,进而为立交桥梁的设计与施工提供参考,为确保城市高架桥梁及城市立交枢纽工程的安全运营提供依据。

第2章　复杂立交桥梁的静力行为

随着城市立交和高架桥修建标准的提高,桥梁上部结构的构造较传统桥梁要复杂得多,其力学特征也较复杂,它与常规理论中梁的概念相差甚远。用梁格法模拟复杂立交桥梁结构进行静力行为分析,虽然能获得箱梁结构的整体性能,可以分析计算纵向受力钢筋(预应力筋)的配置,但对顶板、底板、腹板、支座和横隔板处的横向受力行为不能进行合理模拟分析。在实际工作中,往往是根据荷载的布置及纵向受力情况,引入一系列假设和假定,然后进行分析计算,得出顶板、底板和横隔板的横向受力钢筋(预应力筋)的配置;由此得到的结果误差较大,特别是在复杂立交桥梁主体结构变化较大处。因此,对一些受力复杂区域,最好采用仿真结构的分析方法,以期解决复杂部位的配筋设计及结构的优化问题。本章将重点论述以全梁桥仿真分析思维和有限元相结合的耦合分析方法对其结构进行空间求解。

2.1　有限元分析方法的特点

有限元分析方法最早于1943年提出,用于求解扭转问题;1956年特纳等人运用有限元法解决了航空工程中部分构件的应力分析问题;其后,随着计算和分析方法日益完善以及电子计算机功能的增强,有很元分析方法在结构工程、流体力学、热力学、岩土力学和钢筋混凝土结构分析设计等方面均得到了广泛应用。另外,传统的模型或实物试验研究有其局限性:一是复杂的桥梁结构难以通过试验研究获得较为满意的结果;二是在试验中往往只能选择某些参数进行样本测试,难以对影响结构性能的重要参数作系统研究;三是试验研究成本高、周期长。与其相比,有限元分析方法具有下列优点:

(1)作为一种强有力的研究工具,它可以用于计算分析在试验中难以解决的各种问题。例如不同材料的界面特性,不同结构与介质之间的耦合性,结构中的局部应力问题,以及复杂桥梁结构的内力与变形性能分析等问题。

(2)作为一种较为理想的设计方法,它可以应用于重要结构的设计计算工作,还可以应用于模拟施工的工况分析。例如,混凝土的徐变在施工过程中和交付使用后一直存在，利用有限元分析方法就可以仿真全过程的力学性能分析，即复杂立交桥梁结构的应力、应变分布情况，以及混凝土构件在产生徐变后的应力重分布情况，这可为设计和施工提供大量的有用信息。

(3)可以改进试验研究方法并取代部分试验。有限元分析方法克服了试验和量测手段的局限性，易于对影响结构性能的重要参数作系数研究。

(4)可以在一定程度上模拟节点的构造和边界条件，提高了复杂结构力学参数分析的可靠性。

(5)可以提供大量的结构反应信息。例如应力、应变的全过程，以及结构开裂以后的各种状态。

(6)借助于电子计算机图形显示技术，还可以直观地看到结构在逐渐加载后从弹性变形、开裂直至破坏的全过程，从而为合理改进与优化设计提供依据。

2.2　有限元法基本理论

有限元法是解决结构和连续介质力学问题的一种近似方法，它也可以用来解决其他类型的应力场问题。有限元法的基本思路是将一个连续求解区域分割成有限个数目的不重叠且按一定方式相互连接在一起的单子域(单元)。首先，设定每个单元内的一个近似解，并用有限数目的未知参数(自由度)来描述单元的行为特性；其次，将各单元的关系式集合成多个方程组；第三，对方程组进行求解，并最终获取未知参数的数值分析。如果将区域划分成很细的网络，当单元的尺寸变得越来越小时，场变量离散化的误差将消失，此时可以认为得到了精确解。

有限元法的计算过程可分为以下三步：

(1)结构的离散化；

(2)单元分析；

(3)荷载向节点的移置；

(4)总体分析。

2.2.1　结构的离散化

为解题需要，我们需对求解的结构进行离散化，即把一个连续的实际结构变换成离散化的有限元计算模型。在这个离散化的结构中，其计算模型是由有限多个、有限大小的构件所组成，并通过有限多个节点相互连接构成被分析对象的整体构件，这些有限大小的单元即称为有限单元。离散化工作主要包含以下三个方面：

（1）网格划分。即选择合适的有限单元，进行网格划分后，将结构的单元与节点进行编号，单元与单元之间用节点相连，有限元法是以节点的位移作为其基本未知量。

（2）引入位移边界条件。即确定桥梁上部构造的支座形式和位置，在位移值为零的节点上安置铰支座或连杆支座。

（3）荷载的移置。对受到外荷载作用的单元，为方便结构的计算分析，将作用在结构上的实际荷载（包括体力、面力、集中力以及温度、收缩等引起的荷载效应）按静力等效原则移置到单元的节点上，形成等效集中荷载——节点荷载。

2.2.2 单元分析

单元分析的最终目的是要建立单元节点力和单元位移之间的关系式。由于有限元法一般是以节点位移作为基本未知量，一旦得到了单元的节点位移列阵，就能求出该单元中任意一点的位移、应变和应力值。单元分析的任务即确定如下几组关系：

（1）单元内任意一点的位移和单元节点位移之间的关系。

（2）单元内任意一点的应变和单元节点位移之间的关系。

（3）单元内任意的应力和单元节点位移之间的关系。

最终，建立单元节点力和单元节点位移之间的关系式，如式（2-1）所示。

$$\boldsymbol{F}^{e} = [\boldsymbol{K}]^{e}\delta^{e} \tag{2-1}$$

式中：$\boldsymbol{F}$——单元节点力；

δ——单元节点位移；

$\boldsymbol{K}$——单元刚度矩阵，它的矩阵阶数和元素取值与所选择的单元有关。

通过单元分析得到的式（2-1）是有限元中最重要的关系式，得到了单元节点力与单元节点位移之间的关系式，是形成总体平衡方程的基础。

2.2.3 荷载向节点的移置

结构上的真实荷载可以是作用于结构上任意一点的集中力、作用于面上的分布力或作用于体内的体积力。在有限元法中，所有这些荷载均需按静力等效原则移置到节点上，称为等效节点荷载，从而可以简化结构的受力状况，进而建立起单元和结构的节点位移和节点力的关系式。

2.2.4 总体分析

对空间结构坐标系统的约定是在平面坐标的约定基础上作下列补充：

（1）采用右旋系统的三维坐标系 xyz。

(2)局部坐标系的 z 轴与总体坐标系的 z 轴相互独立。

(3)局部坐标系的 x 轴与所在单元的杆件轴线相一致。

由于各单元局部坐标系不同,整体求解时需要建立统一的坐标系即整体坐标系,各单元在局部坐标系中建立的物理量需要进行坐标变换,从而得到它们在整体坐标系中的表达形式。然后,对每一个单元进行单元分析,找出每一个单元的单元刚度矩阵$[\boldsymbol{K}]^e$,在此基础上,就可以将各个单元组合成整体结构,进行总体分析。总体分析包括以下几个步骤:

(1)根据各个单元刚度矩阵组装成总体刚度矩阵。

(2)引入约束条件(边界条件)。

(3)建立平衡方程。在由单元刚度矩阵合成整体刚度矩阵时应遵循下列原则:凡位移分量为零对应的单元刚度矩阵元素不叠加到整体刚度矩阵中,整体刚度矩阵中的元素等于各单元刚度矩阵中元素之和。

(4)求解总体平衡方程。在整体刚度矩阵合成后,对方程组进行求解,即可得到整体节点的位移列阵,由此可得到各单元的单元位移列阵。

(5)最后,在求得基本未知量节点位移后,即可解得各单元中任意一点的位移、应变和应力值。

2.3 立交桥梁结构仿真分析的基本方法

建立全桥统一结构体系下的构件详细模型。我们可以运用桥梁结构的仿真分析思路,在现有结构计算分析的基础上,通过三维实体单元对结构性构件的细节进行真实模拟,即真实地模拟该构件各部位的长、宽、高三个方向的实际尺寸,然后确定其真实的本构关系,即真实地模拟结构的支承和约束情况。模型的加载应尽可能真实地模拟实际荷载的数量、荷载在结构上的实际空间位置和作用方程。因此,该模型由实体、板壳、梁、杆、索等多种单元组合而成,能够准确地模拟构件的空间位置、几何尺寸、连接形式、本构关系、荷载作用、初始内力、初始变形及边界条件等,运用可靠的数值分析方法(如有限元法、差分法、直接积分法等)进行仿真分析,对上述模型进行结构效应计算,由此可得到相对详尽、精确和可靠的分析结果。借助丰富而有效的图形显示软件对计算所输出的大量数字信息进行可视化处理,使计算者能直接从图像上看到该构件各部位的位移、应力、应变等计算结果的分布,直接对复杂构件进行分析与判断,从而获得可靠的分析资料,进行结构优化,为相关复杂桥梁结构的设计、施工与维护管理工作提供借鉴。

一般通用有限元程序软件是融结构、流体、电磁场、声场和应力应变场分析于一体的大型结构计算软件,如 ANSYS、SAP2000 或 Midas 等结构分析的有限元程序软件,具有强大的前处理、求解和后处理功能。因此,我们可利用其强大的前处理、计算、后处理功能对复杂立交桥梁结构进行结构仿真分析,并对实际的设计、施工工作进行指导和优化,弥补常规设计理论中的不足。

2.4 立交桥梁结构仿真分析模型的建立

实际上,从计算的角度出发,立交桥梁对荷载的响应与一般结构桥梁的处理方法基本一致。它们都将被最终定义为一个方程组,同时,箱梁的外形会影响各项系数。为此,我们将一般定义问题的方程组称为模型。模型的建立十分关键,它决定了计算与实际之间的差距,当然也最终决定了计算结果的可靠程度。复杂立交桥梁结构的响应问题首先不是一般意义上梁对荷载的响应问题,材料力学中的梁是一维的,而复杂立交桥梁的结构问题是三维的。众所周知,板壳理论可以解决二维问题,而立交桥梁基本上是由各向板构成,似乎可以用板壳理论来解决箱梁问题。但是,应该注意到构成箱梁的各板之间彼此不是孤立的,它们之间是相互约束、相互影响的。因而,对于其中的任意一块板,其边界条件都将是不确定的;同时,各板的自由度方向也不相同,这些因素对最终模型的形成增加了许多困难。一般情况下,较为简便的方法是对各板的边界进行近似模拟,并最终构造整体模型;但是,这又会带来一个问题,即由每一个较为准确的板构造的整体模型是否也具有同样的精度?事实上,板壳理论的切向精度较低,其相应的用法是将位移用各阶导数来表示,一个较低精度的切向量自然不能为与其相交的另一块板提供较为准确的弹性边界。以上分析说明,要想真正解决一个复杂构件的三维问题,就必须保证其构件的三维精度,无论牺牲任一方向的精度都将使结构的计算分析产生不确定性,即三个方向同等重要,牺牲任何一个方向的精度都是不可取的。因此,针对立交桥梁结构的特点,必须选用三维实体单元,最终才能取得箱梁任一位置的应力状态。根据立交桥梁的实际工况,我们认为弹性理论是适用的,可以将箱梁作为一个弹性体进行求解。

(1)连续性假设。即假设箱梁本身是连续的介质,并在整个变形过程中保持其连续性。对于箱梁,其外形尺寸远远大于集料、钢筋等元素的尺寸,正像一般物体的尺寸远大于其分子的尺寸一样,因而可以采用宏观性能试验来测定混凝土的物理力学特性,并将之应用到箱梁的任意点;同时认为物体在整体变形过程中应保持连续,即在数学上可用连续函数定义箱梁的物理性质和物理量。基于该假设,可用微积分来处理这一数学问题。

(2)弹性假设。即弹性体的变形与荷载在结构的加载、卸载过程中始终存在一一对应的单值函数关系(不考虑屈服),且当卸载完成后,变形完全消失。

(3)线弹性假设。上述单值函数为一阶线性函数。基于这一假设,可以对箱梁上的各个荷载分别求取结构的响应,并将各响应的叠加值作为结构对总荷载的响应。

(4)其他约定。基于以上假设,箱梁结构还应满足均匀性(箱梁各点弹性性质相同)、各向同性(箱梁某一点的弹性性质与方向无关)、无初应力假设(假设箱梁在加载前、卸载后处于无应力的自然状态)。

我们认为,箱梁均能满足以上假设,弹性理论在解决这一问题上是适用的。

2.5　预应力钢筋混凝土有限元模型的建立

用有限元法来分析预应力钢筋混凝土结构与一般的有限元分析的基本过程相同,但是又有其特殊性。因为预应力钢筋混凝土结构一般由预应力钢筋、普通钢筋和混凝土三种不同性质的材料所组成,考虑到复杂立交桥梁结构的特殊性,目前预应力钢筋混凝土的有限元建模主要是将预应力钢筋与普通钢筋混凝土分别对待,即建立预应力钢筋模型和预应力混凝土分析中实体力筋法的处理过程。普通钢筋混凝土模型的建立包括整体式模型、分离式模型及其相应的组合式模型三个方面。

2.6　立交桥梁结构仿真分析模型实例

以下以杭州市某复杂立交桥结构为原型进行仿真模型分析,该桥梁上部构造的大部分为曲线或异形结构,匝道部分为异形连续箱梁桥,具有代表性。

如图 2-1 所示,该桥的主线桥桥宽 17m,采用单箱三室截面;与匝道连接处桥宽 12.3m,采用单箱双室截面;①号墩 ~ ④号墩为直线段,桥宽 12.3m,④号墩 ~ ⑥号墩为异形变宽段,桥宽由 12.3m 渐变为 17m。桥梁顺桥向为预应力混凝土;由于受地形限制,②号墩处只能设置独柱墩,因此对该处横梁需施加预应力,其余横桥向均为普通钢筋混凝土。

2.6.1　计算条件

(1)结构自重,重度 $\gamma = 26.5\text{kN/m}^3$;

(2)桥面铺装为 8cm 沥青混凝土,防撞栏杆每侧为 7.5kN/m;

(3)顶板、底板温差为 10℃;

(4)整体升、降温幅度为 ±5℃;

(5)计算速度按 40km/h 进行计算;

(6)支座不均匀沉降为 1cm;

(7)活载为城—A 级。

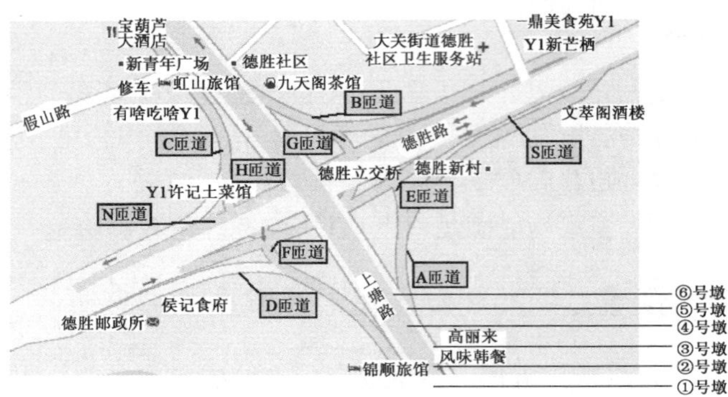

a)某立交桥主线及匝道平面位置图

b)A匝道处全景照片

c)⑥号桥墩及上部底面照片

图 2-1　某复杂立交桥结构

2.6.2　建模原则及方法

全桥结构仿真分析模型的建立是模拟真实结构的过程,是将结构进行模型化。在全桥结构仿真分析模型的建立过程中,为了便于计算及校核,运用前面所述建立仿真计算模型的原则,对于立交桥梁的仿真模型计算的精度采取了内外两方面保证方法。一方面,在外部采取将一些关键断面的节点力与设计单位提供的梁格有限元模型分析计算结果进行相对应截面内力平衡验算的手段,保证仿真模型及计算结果的可靠性;另一方面,在内部充分利用软件自适应单元网格、自适应划分的手段,进行粗网格分析的基础上加密网格的再分析手段,从而保证单元划分密度适中及求解精度。模型的建立可以采用 AutoCAD 建立实体几何模型,利用通用程序 ANSYS 的接口程序,将其传输至 ANSYS 中进行自动单元划分，从而避免了手工划分单元的繁重体力劳动，大大节约了分析的前期准备时间。同时，由于 AutoCAD 是按实际结构的尺寸构建模型的，因此，对于该规模庞大、极其复杂的计算对象，可以十分真实而又可靠地模拟实际结构。运用全桥仿真分析的思想，利用 ANSYS 软件强大的前处理器建立立交桥梁上部结构的仿真模型，其中模型采用八节点三维实体单元 solid65（单元考虑了含纵、横、竖向三种方向的钢筋，钢筋弥散在 solid65 体单元中）模拟梁体，采用空侧杆单元 link10 模拟预应力筋，根据各支座约束性能确定模型的边界约束条件。

2.6.3 立交桥梁的建模

为了分析复杂立交桥梁的静力受力特点，从而为立交桥梁的结构分析及设计提供参考依据，如图 2-2 所示，所建模型采用单向预应力结构，其中①号墩～④号墩为直线段，箱顶板宽 12.3m，底板宽 8.3m，单箱双室，全长 84m；④号墩～⑥号墩为异形变宽段，箱顶板宽由 12.3m 渐变为 17m，底板宽由 12.3m 渐变为 17m。箱梁高 1.56m；顶、底板厚度为 0.2m，腹板厚 0.5m。横隔板设在支座处，两端横隔板厚 1m，中横隔板厚 2m；在顶、底板与腹板接头处设置承托，分别为 75cm × 25cm 和 25cm × 25cm。

a)整体模型　　b)局部模型

图 2-2　立交桥梁的有限元模型

2.6.4 钢筋混凝土等效弹性模量 *E*

为了减少计算时间及满足计算机容量的要求，在抓住主要因素而又不影响精度的前提下，尽量简化模型是非常必要的。因此，我们将钢筋混凝土看作均质材料，其材料特性由相应的钢筋和混凝土特性换算求得。

2.7 立交桥梁结构的静力仿真分析

在以上的结构仿真分析模型的基础上，运用 ANSYS 中的 SOLUTION 求解器对结构进行仿真分析计算，并利用 POSTI 通用后处理器分析计算结果。仿真分析的最初阶段是模型的优化阶段，在模型建立的初期，模型的单元划分可能存在不合理之处，甚至出现大量的畸形单元，或者单元的数量过于庞大，甚至超出了计算机的计算容量，或者计算周期过长。这就需要在分析计算的过程中，不断地修改和优化模型，并且在不失精度的前提下，减少单元的数量，着重分析桥梁在恒载与活载作用下，主要加载工况的内力和变形。由于结构仿真分析的规模较大，为保证计算结果的可靠性，可以进行力学平衡验算。

(1)利用结构模型输出的反力，对计算反力和外力进行平衡验算。表 2-1 是计算反力与外力的比较结果，从表中数据分析可见，可以满足力学平衡条件。

(2)利用关键截面上的应力计算结果，对剖面上的竖向内力和水平两个方向上的内力与外力进行平衡验算，结果表明，内、外力的平衡条件也得到了很好的满足。在桥梁恒载和活载作用下，对常规方法(梁格法)与结构仿真分析法输出的应力及变形结果进行分析比较，以检验结构仿真分析的可靠性，详见表 2-1。

计算反力与外力的对比分析 表 2-1

工况	*X* 方向(kN)		*Y* 方向(kN)		*Z* 方向(kN)	
	1	2	1	2	1	2
恒载	0	0	-31 664.5	-31 664.5	0	0
活载	0	0	0	-2 280	0	0
支座 1	0	0	1 102.68	1 110.66	31.26	29.88
支座 2	0	0	1 277.49	1 280.76	0	0
支座 3	0	0	6 257.8	6 183.58	-73.1	-72.32
支座 4	0	0	2 926.1	3 449.5	0	0
支座 5	0	0	2 758.4	2 818.5	51.92	58.16
支座 6	0	0	3 714.9	4 016.71	0	0
支座 7	0	0	4 268	4 200.91	16.16	24.23
支座 8	0	0	3 076.3	2 818	-17.01	-28.6
支座 9	0	0	2 779.5	3 995.7	0	0
支座 10	0	0	1 717.93	1 714.77	-9.22	-11.34
支座 11	0	0	1 679.14	1 668.07	0	0
合计	0	0	-106.26	-687.34	0.01	0.01

2.7.1　梁格法模型构建

将立交桥梁匝道异形梁结构用空间剪力柔性梁格进行离散，梁格构件刚度取决于其代表区域内的梁肋刚度，纵向构件代表梁格纵向刚度，横向构件代表梁格横向刚度。根据“等效”原则，当桥梁上部结构和等效梁格承受相同的荷载时，它们的挠曲变形相同，且任一梁格内的弯矩、剪力和扭矩等于它们所代表的那一部分上部结构的内力。实际上，由于曲线异形箱梁的复杂性，上述理想的等效梁格往往无法找到，但大量的研究与计算表明，梁格法能够很好地把握箱形梁桥的总体性能，且具有足够的精度。本章中，我们把全桥划分为 651 个节点，885 个梁单元，其中纵梁单元 489 个，用 51 种梁截面特性模拟实际结构，建立本桥的梁格离散模型。在①号墩～⑤号墩间按 3 车道布置，⑤号墩～⑥号墩间按 4 车道布置。其弹性模量等力学指标均按《公路桥涵施工技术规范》(JTG/T F50—2011)的要求选取。

2.7.2　两种方法的对比验证

我们对本桥分别采用梁格法和结构仿真分析法进行对比分析，表 2-2 列出了四道腹板分别在外荷载作用下的变形值以及各腹板上、下缘的应力值。从表 2-2 中可以看出，仿真分析法反映的各腹板受力及变形的差异比梁格法小，仿真分析法反映的各腹板上、下缘的最大应力也比梁格法小。根据相关文献的研究，在温差荷载作用下，仿真分析法所反映的弯曲箱梁内、外腹板的受力差异比梁格法大，但其计算的腹板上、下缘最大温度应力仍比梁格法小。这主要是因为实际结构无法满足梁格法的等效原则，即当真实结构和对应的等效梁格承受相同荷载时，两者的挠曲应是恒等的，而且在任一梁格内的弯矩、剪力和扭矩应等于该梁格所代表的实际结构部分的内力的原则。为了能控制桥梁结构的总体设计，尽量反映箱梁的主要构件——腹板(纵梁)的荷载响应特点，我们牺牲了横向刚度的精度，确保纵向刚度的要求。在实际工程的设计计算中，往往总是削弱了横向刚度，箱梁的整体性及荷载在各腹板(纵梁)分配性能降低，是造成各腹板受力差异大及最大应力较大的主要原因，在曲线异形桥梁结构中更为突出，但尚能满足实际工程的需要，一般差异均在 20% 左右。因此，我们认为两种方法在反映异形箱梁中腹板的受力特点上基本一致，两者的计算结果总体上能较好地吻合。同时，也说明两者模型的建立和分析计算具有其合理性与可靠性。

控制截面应力及位移　　表 2-2

项目	腹板 Ⅰ						腹板 Ⅱ					
	上缘应力（MPa）		下缘应力（MPa）		Z 向位移（mm）		上缘应力（MPa）		下缘应力（MPa）		Z 向位移（mm）	
	常规法	仿真法	常规法	仿真法	常规法	仿真法	常规法	仿真法	常规法	仿真法	常规法	仿真法
0	-0.01	-0.01	0.07	0.05	-0.01	-0.01	0.02	-0.01	-0.00	0.05	0.02	-0.01
L/4	1.97	2.19	-3.00	-3.15	-5.45	-5.10	2.19	2.07	-2.20	-2.44	-3.46	-6.51
L/2	3.62	2.87	-0.51	-3.95	-10.89	-8.70	3.91	3.08	-3.98	-3.64	-8.50	-8.75
3L/4	-0.34	0.28	0.43	-0.82	-5.05	-4.70	-0.30	0.41	0.34	-0.46	-3.21	-4.92
L	-4.84	-3.98	5.54	4.52	-1.07	-0.98	-4.31	-4.54	4.10	3.89	0.44	-0.96
2-L/4	-1.47	-0.32	2.12	0.13	-1.11	-1.33	-1.70	-0.17	1.74	0.44	0.58	-1.37
2-L/2	1.69	1.39	-2.53	-2.06	-3.51	-3.22	1.65	1.59	-1.70	-1.78	-1.61	-3.13
2-3L/4	-0.60	0.36	0.84	-0.65	-1.64	-1.98	-0.47	0.48	0.50	-0.45	-0.31	-1.99
2-L	-3.62	-2.72	4.13	3.10	-0.83	-0.67	-3.41	-3.03	3.24	2.83	0.27	-0.65
3-L/4	-0.49	0.38	0.69	-0.70	-2.53	-2.63	-0.52	0.39	0.56	-0.44	-1.43	-2.57
3-L/2	2.20	1.66	-3.27	-2.45	-5.54	-4.48	2.57	1.84	-2.63	-2.24	-4.37	-4.38
3-3L/4	-0.52	0.35	0.71	-0.70	-2.56	-2.59	-0.61	0.40	0.65	-0.44	-1.38	-2.55
3-L	-3.88	-3.36	4.43	3.74	-0.89	-0.77	-3.65	-3.79	3.47	3.53	-0.37	-0.79
4-L/4	-0.70	0.28	1.00	-0.55	-1.89	-2.10	-0.75	0.32	0.79	-0.32	-0.56	-2.17
4-L/2	1.73	1.50	-2.58	-2.18	-4.27	-3.66	2.10	1.69	-2.15	-2.06	-2.53	-3.76
4-3L/4	-1.46	0.10	2.11	-0.26	-2.33	-1.90	-1.80	0.06	1.81	-0.01	-0.03	-1.96
4-L	-4.57	-2.72	5.19	2.93	-1.51	-0.41	-5.26	-2.94	5.00	2.75	0.00	-0.41
5-L/4	-0.30	0.23	0.40	-0.40	-6.54	-3.61	-0.39	0.24	0.44	-0.11	-4.26	-3.69
5-L/2	3.89	2.32	-5.79	-3.27	-12.22	-6.87	4.63	2.50	-4.74	-3.07	-10.5	-6.94
5-3L/4	2.16	1.98	-3.28	-2.86	-5.83	-5.02	2.58	2.11	-2.59	-2.64	-4.51	-5.01
5-L	-0.01	-0.01	0.01	0.01	0.00	-0.01	-0.03	-0.01	0.03	0.01	0.26	-0.01

注：L——计算路径。

2.7.3　横隔梁的应力计算结果分析

横隔梁是立交桥梁结构中较为常见的构件之一，常用于复杂立交桥梁或高架桥梁的曲线段。横隔梁的受力状况较为复杂，在实际工程中会出现一些问题，这对立交桥梁结构的整体性能会带来不利影响。因此,对横隔梁的力学行为分析也是本章需要阐述的一项重要内容。为了尽快确定横隔梁的最不利应力状态,经过分析研究,我们确定了其最不利的受力状况——工况 2 的活载空间分布。针对横隔梁,为分析不同类型的荷载对它的影响,假定各种材料均在线弹性的范围内,同时将暂不考虑预应力效应对异形块中横隔梁的影响,重点分析各种竖向荷载的作用效应,并将其与直线桥的横隔梁进行对比,分析出它们的不同特点,以便对实际工程起到指导作用。从上述结构的变形、应力图形及数据分析可以看出:

(1)3 号横隔梁的变形特点:在恒载和活载作用下,下部 4 个角点的竖向变形分别为 -0.34mm,0.46mm,0.34mm,0.24mm。从分析结果可看出,横隔梁具有典型的空间梁变形特征,呈双向弯剪变形,同时存在极少量的扭转变形,可归纳为纵、横向变形的组合,是典型的直线桥中横隔梁的变形特点。

(2)3 号横隔梁的受力特点:根据另一横隔梁变形特点,我们可以得出它的受力状态是受纵、横向双向弯、剪作用及极少量的扭曲作用。如图 2-3a)所示,其应力分布主要是以横隔梁的纵、横向两中轴线呈轴对称分布。梁顶混凝土大部分处于纵向受拉、横向受压状态,支座顶部一定范围内则是双向受拉,剪力分布也同样是纵、横轴方向呈对称分布,同样,梁体的应力基本上呈均匀的对称分布。

(3)4 号横隔梁的变形特点:在工况 2 条件下,下部 4 个角点的竖向变形分别为 0.195mm,0.244mm,0.47mm,0.25mm。如图 2-3b)所示,4 号横隔梁具有典型的空间受力块体的变形特征,其横桥向以弯剪变形为主;纵桥向仍趋于以两支座的连线为轴对称弯曲变形,但由于该横隔梁的一侧有三个腹板,另一侧有四个腹板,为了保证结构变形的协调性和连续性,该结构在一定范围内出现了较大的扭转变形,呈现出典型的异形块空间变形体。

(4)4 号横隔梁的受力特点:根据 4 号横隔梁的变形特点,可以得出它的受力状态是受纵、横向双向弯、剪作用,同时在一定程度上梁段还存在较大的扭曲作用。从横隔梁的应力云图中可以看出,在横轴断面上,纵向弯曲应力基本呈对称分布,但其横向弯曲应力仅在两端接近对称,而在其他梁段上由于受扭矩影响,其分布为完全非对称型,梁顶混凝土的弯曲应力相差很大。

总体上说,梁体应力为非均匀对称分布,是典型的异形块受力变形体。

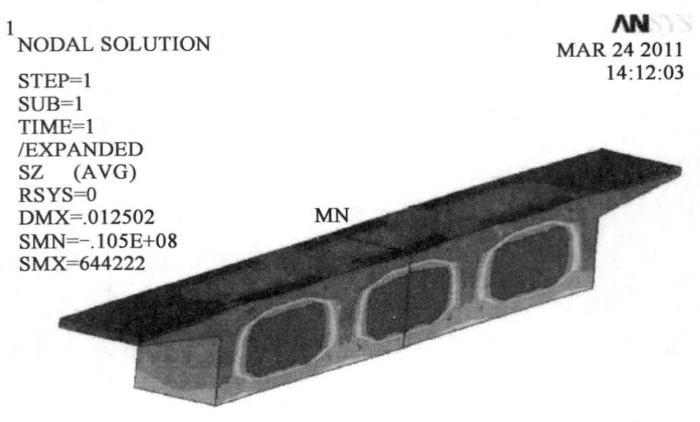

a)3号横隔梁应力沿桥纵向应力云图

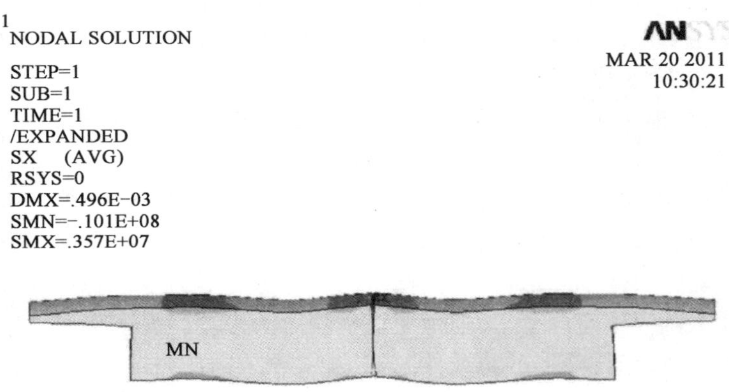

b)4号横隔梁应力和竖向变形云图

图 2-3　横隔梁的应力和变形云图

第3章　复杂立交桥梁动力特性分析

城市高架桥梁和立交枢纽工程是解决现代城市交通问题的有效途径，它能有效地解决桥面交通与地面交通问题。立交桥梁结构的主要特点如下：

(1)多采用连续梁结构体系，结构截面形式通常采用薄壁箱梁，立交桥梁的匝道曲线部分的曲率半径比较小。

(2)理论上，立交桥梁结构由于采用薄壁箱梁截面，约束扭转和畸变效应比较突出。

(3)由于立交桥梁结构两分岔结构的相互联系和制约作用，又使得约束扭转和畸变效应更加显著。如果箱形梁采用较宽的翼缘结构，则剪力滞产生的效应则显得非常突出。

同样，随着我国经济建设和对外开放的迅速发展，城市高架桥和互通立交桥梁的形式和构造日趋复杂化，建设的数量不断增多，规模也在不断地扩大。与此同时，交通流量显著增长，某些桥梁上出现的超载现象十分严重，特别是一些枢纽式互通立交桥梁，一方面车流量很大，另一方面超载现象屡见不鲜，并且根据我国交通法规，大型车辆基本上呈一侧行驶，从而给桥梁结构造成了严重的振动、超载、偏载等不利因素的影响。因此，多数现役的城市高架桥和互通立交桥梁中，由此类不利因素对桥梁造成不同程度损伤的情况普遍存在，旧桥检测与加固与日俱增。针对这一问题，为确保城市高架桥及立交桥的安全使用，本章以从多数立交桥梁结构中抽象出典型的立交桥梁结构为对象，同时基于通用的有限元程序软件 SAP2000 对典型立交桥梁结构的振动频率及振型进行模拟分析，并讨论主要结构参数对其动力特性的影响，为立交桥梁的动力设计提供参考，从而可以确保城市高架桥及城市立交枢纽工程的安全运营。

3.1　典型立交桥梁概况

立交桥梁结构的关键在于交叉处异形段的构造方式。对于交叉处的构造方式，应根据结构本身上下部的不同特点及地面交通要求来进行设计。主要有以下两种：

(1)主桥在与两分岔线相接的横梁处开始分成两支独立的桥梁结构,待浇筑完毕后才在两支线的连接处浇筑顶板、底板、翼缘板及小半径曲线腹板。这种结构适用于两分支线的交角不太大及桥面不太宽的情况。

(2)通过增加变宽箱室的结构形式实现变宽。这种结构适用于两分支线的交角较大且桥面较宽的情况。

本章从诸多立交桥梁中抽象出典型的立交桥梁进行动力模拟计算分析,其典型的立交桥梁整体布置如图 3-1 所示。

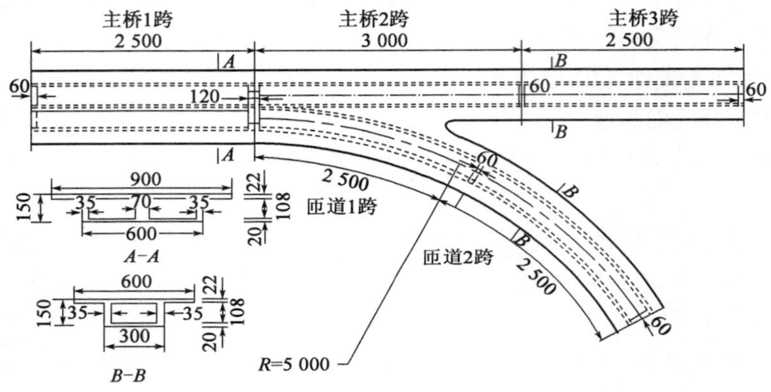

图 3-1　典型立交桥梁结构的总体布置(尺寸单位:cm)

3.2　结构简化与等效参数模拟

本书基于梁格理论的分析方法对典型立交桥梁的动力特性进行分析。梁格理论的主要思想是将桥梁的上部结构用一个等效的梁格来模拟。因此,运用梁格理论处理立交桥梁结构的计算以及其他结构分析,其关键问题就是如何较好地模拟原型结构,使模拟的梁格尽可能最接近原型。

具体的梁格等效模拟包括两方面:

(1)梁格确定及网格的划分;

(2)梁格截面特性的拟定。

3.3　梁格确定及网格的划分

梁格对于原型结构进行结构简化需考虑以下五方面内容:

(1)使梁格重合于设计受力线,即梁格方向平行于预应力筋或桥梁构件,且与边梁和支座上的受力线平行。

(2)每根边缘梁格必须接近于上部结构边缘垂直剪力流的合力方向,对于实体板边距离为0.3倍的梁高度。

(3)对于各向同性板,纵向杆件的最大间距不得超过1/4有效跨径。

(4)横向构件的间距必须足够小,即间距小于1/4有效跨径;同时使纵、横向构件的间距必须接近相等,使荷载静力分布较为灵敏。

(5)须设虚拟纵、横梁,但对虚拟梁仅考虑刚度,不计重力。

3.4 梁格构件截面特性拟定

在分析空间梁格截面特性时主要是拟定惯性矩与扭矩,然后模拟出相应的截面特性来等效原结构截面,对于结构和截面的简化方法,其结果也因模型简化的形式而存在差异,但模拟计算结果应与原结构等效,才能达到简化的目的。总之,模拟的梁格应能够准确反映原型结构的受力状态。根据典型立交桥梁的结构特点,桥梁的主梁通常采用箱梁结构。

3.5 典型立交桥梁梁格理论计算模型

典型立交桥梁的动力特性不仅与立交桥梁的结构形式有关,同时,同一典型立交桥梁结构形式还与桥跨、桥宽、梁高、支座形式及高低等诸多因素相关。因此,考虑所有因素的立交桥梁结构的动力特性分析就显得非常复杂,通常情况下,只能针对某一具体的立交桥梁结构进行动力特性分析。所以,立交桥梁结构的动力特性分析,往往重点分析主桥与匝道的不同设置对其产生的动力特性影响。

本章将从诸多现有的立交桥梁结构中抽象出一种典型立交桥梁的上部结构作为模拟分析的对象。首先,针对典型立交桥梁的上部结构特点,基于梁格理论的划分原则以及截面刚度特性和计算理论对立交桥梁结构进行简化,本次简化等效模拟为:主桥1跨在箱梁3腹板处模拟设置3根纵向梁格[图3-2a)中1~3号大的黑圆点],其余跨[包括主线以及匝道均模拟设置2根纵向主梁格,图3-2b)中1号和2号大的黑圆点],在结构的边缘处各模拟设置了一根虚拟纵梁,主桥1跨共设置了2根虚拟纵梁,分别是图3-2a)中的4号和5号,其余跨虚拟纵梁共设置了2根,分别是图3-2b)中的3号和4号,具体的纵梁等效模拟如图3-2所示;其次,根据立交桥梁的跨径与总长,在模拟横梁时,主桥共设置虚拟横梁33根,在匝道处设置了虚拟横梁21根,如图3-2中的黑直线。设置虚拟纵、横梁的目的是为了加强梁格体系中纵、横向连接,即确保纵、横向梁格刚度等效于原结构,从而使模拟的梁格体系达到预期效果。其中,对所设置的虚拟横梁只考虑刚度,不计重力(结构的重力已经包含于梁格内)。由此,全桥共划分为422 个空间梁单元,简化和离散的梁格有限元模型如图 3-3 所示。

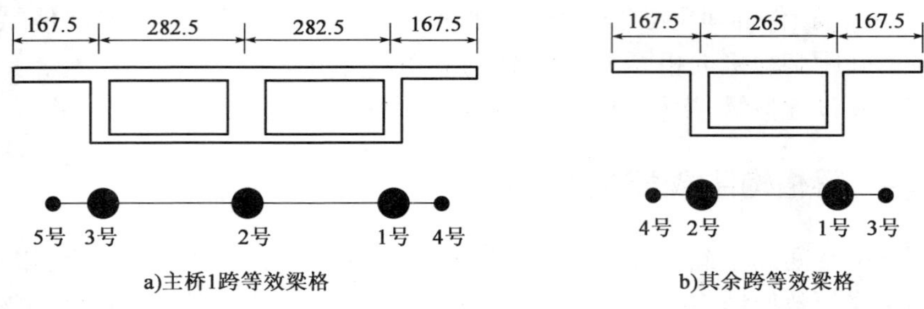

图 3-2　等效梁格布置图(尺寸单位:cm)

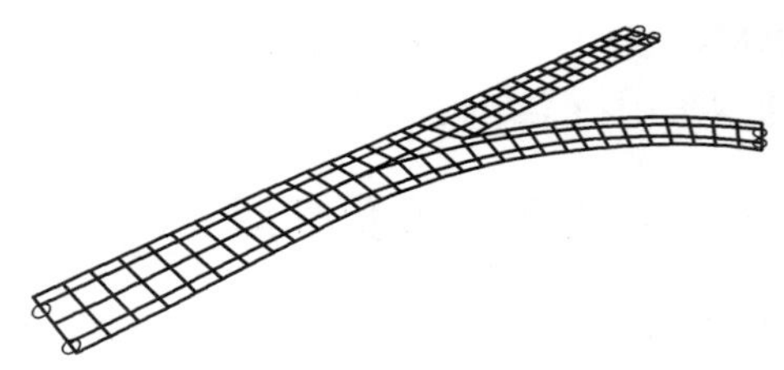

图 3-3　梁格有限元模型

3.6　板壳理论计算模型

在进行动力特性分析时,为提高结构的可靠性,还需要以板壳有限元法对典型立交桥梁结构进行动力特性分析。板壳有限元法是按板或壳理论将结构按实际结构的组成情况离散为若干板元来进行分析的有限元法。采用板壳单元进行立交桥梁结构分析时,后处理工作量相对较大,难以直接给出内力,通常以给出应力为主,但对整桥的动力特性的分析比较准确。可与梁格理论的计算结果进行比较对照。

3.6.1　计算模型

为提高数据分析的准确性,本书分别采用梁格理论与板壳理论对立交桥梁结构进行动力特性分析,即采用梁格与板壳两种不同的理论对立交桥梁的振型以及频率等动力特性分别进行计算对比,从而可以验证梁格理论的准确性与可靠性。板壳有限元模型如图 3-4 所示。

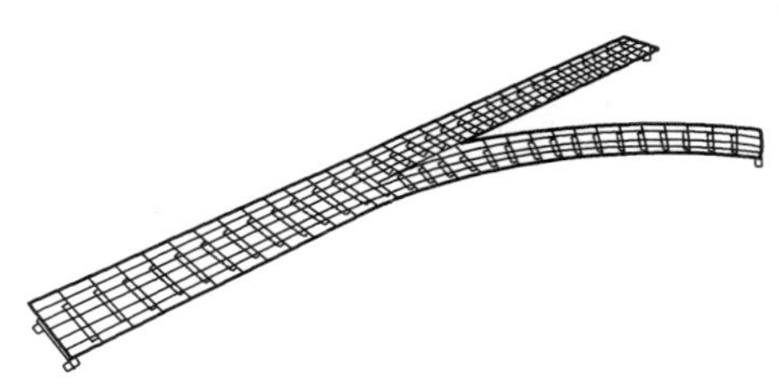

图 3-4　板壳有限元模型

3.6.2　截面特性分析

由于板壳模型是按照实际箱形梁的顶板、底板、腹板以及横隔板的实际情况进行模拟，其截面特性可以直接在通用程序中给予模拟实现。因此，板壳模型虽然在建模处理时比较困难，且后处理工作量较大；但是，板壳模型能直接模拟结构的截面刚度特性，这一点较梁格模型而言，既简单又方便。即只要按照结构隔板的截面特性直接在程序中输入板壳模型的截面特性即可，不需要专门的处理即可获得需要的数据。

3.7　计算结果及分析

为了较好地把握立交桥梁的动力特性，同时验证理论计算的准确性，本项目分别采用板壳理论和梁格理论对典型的立交桥梁结构进行动力特性分析，通过分析结果与实测结果进行比较，最终验证理论计算的准确性。典型立交桥梁板壳理论与梁格理论动力特性计算及实测结果见表 3-1。

典型立交桥梁的动力特性分析表　　表 3-1

分析理论	板壳理论			梁格理论			实测结果		
振型阶次	1	2	3	1	2	3	1	2	3
频率(Hz)	4.239	5.570	5.727	4.074	5.224	5.558	4.512	5.712	5.816
振型描述	竖弯	竖弯	竖弯	竖弯	竖弯	竖弯	竖弯	竖弯	竖弯

从表 3-1 的分析比较结果看，对立交桥梁采用空间板壳与梁格理论的计算结果比较接近，两种理论的计算结果吻合较好，板壳与梁格理论计算的前 4 阶振型基本一致，且频率非常接近，但两种计算结果均小于实测值，说明原结构刚度较大。由此可以确定理论计算的结果是准确的，即可以确定其竖向基频为 4.074Hz，说明竖向刚度相对扭转刚度要弱，横向抗扭刚度比较理想，板壳与梁格理论计算的前 3 阶振型如图 3-5、图 3-6 所示。

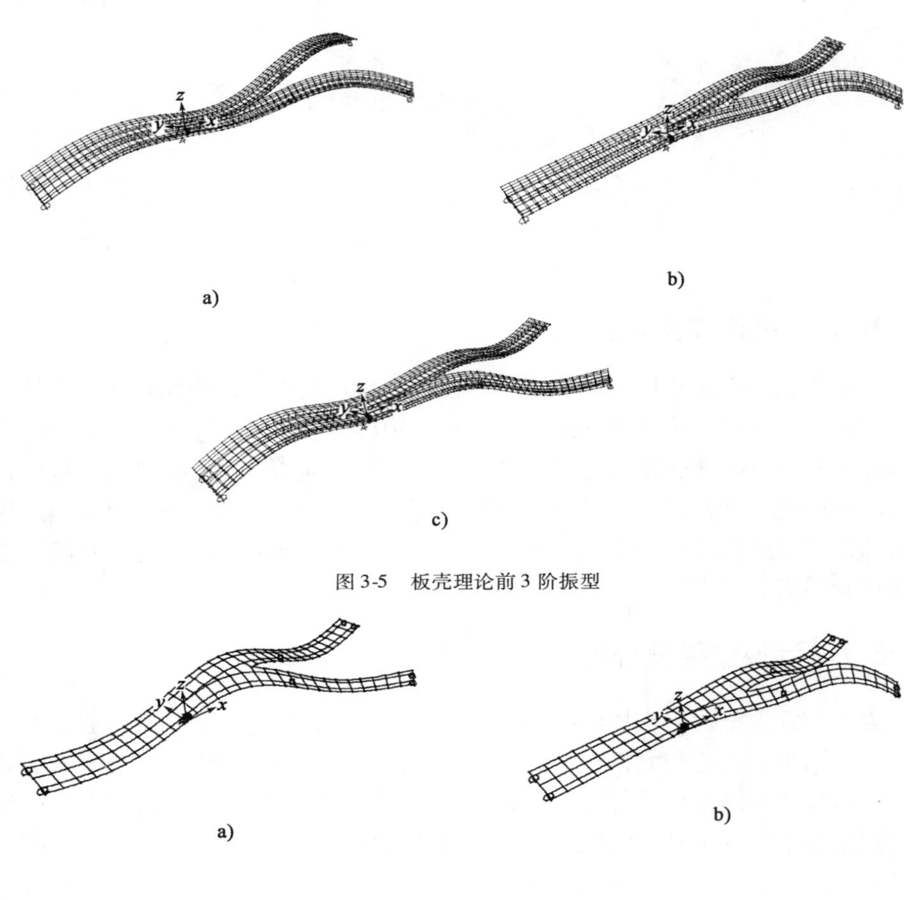

图 3-5　板壳理论前 3 阶振型

a)

b)

c)

图 3-6　梁格理论前 3 阶振型

第 4 章　典型立交桥梁动力特性模型试验

城市高架桥和立交桥的形式和构造日趋复杂，特别是某些枢纽立交桥梁，在车流量大、超载现象又十分严重的情况下，就会引起桥梁的过多振动、偏载与超载，当主线桥跨结构与匝道桥梁结构的刚度不相匹配时，这些复杂因素会对桥跨结构造成损伤，从而进一步加剧桥梁结构的疲劳破坏，甚至引发垮塌事件。同样，由于国内外对于立交桥梁结构的动力特性模型试验的研究还处于起步阶段，对具体结构的研究并不多，特别是直接对立交桥梁进行模型试验的更少。针对这一问题，本章在从不同形式的立交桥梁结构中抽象出典型的桥梁结构的基础上，基于通用的有限元程序软件对典型立交桥梁结构的振动频率及振型进行模拟分析，从而为立交桥梁的动力分析设计与优化提供参考，为城市高架桥及枢纽立交工程的安全性提供理论依据。

桥梁结构的动载试验是利用某种激振方法激起桥梁结构的振动，测定桥梁结构的固有频率、振型、阻尼比等参量的试验项目，从而宏观判断桥梁结构的整体刚度、使用性能。桥梁结构的固有频率是反映桥梁自身动力特性和健康状况及评定桥梁承载能力状态的重要参数。

研究表明，随着桥梁结构的动力特性发生变化，如果固有频率变化不大，则说明桥梁的刚度没有发生太大变化，此桥梁仍可以安全使用。此外，固有频率是进行钢筋混凝土梁损伤定性辨识的重要指标，曲率模态振型和应变模态振型对于钢筋混凝土梁的局部损伤较位移模态振型敏感。基于曲率模态振型和应变模态振型可以进行钢筋混凝土梁的局部损伤诊断。深入了解钢筋混凝土梁的振动特性，是采用动力破损评估法对其损伤进行辨识和监测的前提和基础。

4.1　立交桥梁有机玻璃模型的设计

4.1.1　模型抽象

为进一步分析立交桥梁结构主线桥与匝道刚度的匹配关系，特别是从不同形式的立交桥梁结构中抽象出一种较为理想的试验对象，在实际的研究与应用中,可以采用1∶100～1∶200比例试制桥梁模型,以较为直观的方法来辨识和监测桥梁结构在动力作用下的损伤程度。在某一次试验中,将该模型编号为C1～C6,其抽象出的典型桥梁结构原型为:桥梁主桥三跨连续梁与匝道两跨曲线梁为混凝土薄壁箱梁桥,主线与匝道在暗横梁处开始分岔,并采用抗扭双支座支承,在各支座处的箱梁截面上都设有刚性横隔梁。抽象出的原型桥梁主线跨度为(25+30+25)m,C1～C2跨桥宽9.0m,等截面单箱双室,C3～C4跨桥宽6.0m,等截面单箱单室,梁高1.5m。匝道曲线半径$R=50$m,与主线夹角为30°,跨度为(25+25)m,桥宽6.0m,等截面单箱单室,梁高1.5m。结构的几个主要的计算参数如表4-1所示。

计算参数表　　表4-1

E(Pa)	G(Pa)	K(m^4)	μ
3.3×10^{10}	1.419×10^{10}	A-A截面3.478	0.167
		B-B截面1.442	

4.1.2　试验模型材料

立交桥梁有机玻璃模型的制作是基于抽象的典型立交桥梁原型作为制作对象。制作试验模型首先应考虑模型材料的选取,可以用来制造模型的材料很多,但是没有绝对理想的材料。因此,在选用材料时,应该先对它们有比较全面的了解,在此基础上比较其优缺点,然后再作选择。根据试验目的,综合考虑制作条件、加载能力、设备情况以及考虑到试验室现有的条件,可采用有机玻璃作为试验模型材料,其弹性极限约为60MPa,厚度较大的可采用粘接叠合的方式,用氯仿粘接。另外,用相同材料再制作3个小梁(截面12mm×10mm,梁长600mm),用于弹性模量的测定。有机玻璃是一种较为理想的模型材料,它具有以下优点:

(1)弹性模量较小,其弹性模量一般为混凝土的1/10,钢材的1/70,只需施加较小的荷载就可获得满足测试精度的应变;

(2)具有较高的弹性极限,在弹性范围内有较好的线弹性性质;

(3)材料的均匀性好,可检验性好;

(4)可加工性好。

当然,有机玻璃亦存在缺点:其一是对温度比较敏感;其二是弹性模量与前期加载历史有关。但这些缺点均不难克服。

4.2　试验模型设计

模型试验是指弹性结构模型试验,即结构材料服从虎克定律,应力不超过弹性极限,认为荷载与变形之间是线性关系,即应力、位移均与荷载成正比。另外,该模型设计是解决平面线性的应力问题,而平面的应力问题与结构材料的弹性模量无关。故其物理量之间的关系可表述如式(4-1)所示:

$$f\left(\sigma,\frac{F}{h},l,\mu\right) \tag{4-1}$$

即应力的表达式为:

$$\sigma = f\left(\frac{F}{h},l,\mu\right) \tag{4-2}$$

通过量纲分析可知:

$$\phi(\mu) = \frac{\sigma hl}{F} \tag{4-3}$$

或为

$$\pi_1 = \phi(\pi_2) \tag{4-4}$$

式(4-3)中,$\phi(\mu)$为无量纲函数,在线弹性结构中,相似条件除了几何相似、荷载相似、边界条件相似和相关协调外,不要求满足虎克定律相似,故在设计模型时,按相似条件需满足泊松比相似常数 $C_\mu=1$,其他相似常数可根据情况任意选取,引入其相关的相似常数。

由上述分析可知:

$$C_\sigma = \frac{C_\mathrm{F}}{C_\mathrm{h}C_l} \tag{4-5}$$

由模型相似理论以及模型量纲分析,本章中试验模型的主要相似参数如下:

几何相似常数:$C_l=30$;

外力相似常数:$C_\mathrm{F}=4\,500$;

弹性模量相似常数:$C_\mathrm{E}=10$;

位移相似常数:$C_\delta=30$;

应变相似常数:$C_\varepsilon=1$。

根据相似常数确定相似模型的几何尺寸,具体见表 4-2。

模型与原型尺寸参数表(单位:mm)　　表 4-2

项目	顶板	腹板	中腹板	箱梁底板	横隔板	暗横隔
原型	220	350	700	200	600	600(1 200)
模型	8	12	24	8	20	20(40)

4.3 试验方案

4.3.1 试验装置

模型桥梁在主线分岔处的内支点为固定铰支座,其余均为活动铰支座。固定铰支座采用平扁的螺栓,卡在模型桥梁底板上,通过预先刻出的槽口来实现;活动铰支座采用圆头的螺栓,卡在模型桥梁底板中,通过预先留出的圆槽来加以实现。

4.3.2 测试内容及目的

(1)内容

测试的内容是以三种不同的约束方式测定模型的自振频率。

(2)目的

测试目的即通过对有机玻璃模型的自振频率进行测试,研究不同的约束条件下对结构主线及匝道刚度匹配关系的影响。

对于动力特性测试,可根据桥梁模型的特点,采用释放重物法进行激振。加速度传感器的布置根据结构形式而定,一般要根据动力特性的理论分析结果,按照理论计算得出振型的大致形状,在变位较大的部位布置加速度传感器,以能够测得桥梁结构的最大反应,如主跨跨中截面、边跨跨中截面振幅。根据理论分析计算结果,该模型的 1 阶振型为竖弯,为此,动力特性测试点共计 13 个,其中 1 ~ 7号加速度传感器布置在主桥上,8 ~ 13 号加速度传感器布置在匝道上。

4.3.3 仪器设备

频率采集采用 DASP 振动测试系统(图 4-1),支座反力的测定采用 YJ31 支座反力测试系统。本次的动力特性试验主要是采用振动信号采集系统、电荷滤波放大器、压电加速度传感器进行频率测试,频率测试流程如图 4-2 所示。测试时将加速度传感器固定在“人”字形桥梁的有机玻璃模型上,直接利用重物释放对结构产生的振动进行测试,加速度传感器将模型结构所产生的振动信号转变成电信号,通过放大器放大后送入数据采集系统,再用信号分析系统进行频谱分析,将时域信号转变成频域信号,确定出被测结构的各阶自振频率。

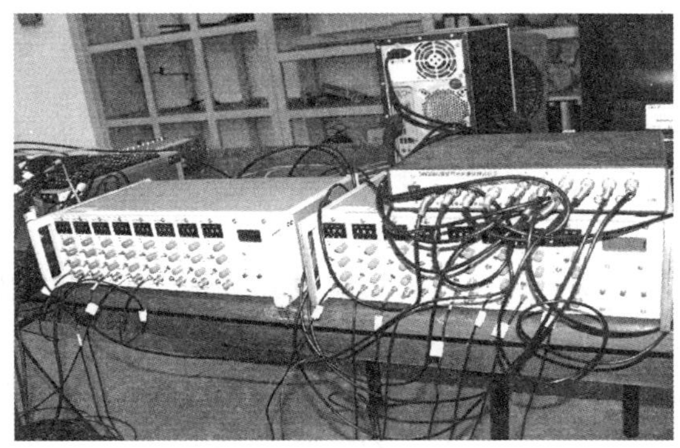

图 4-1　振动测试系统

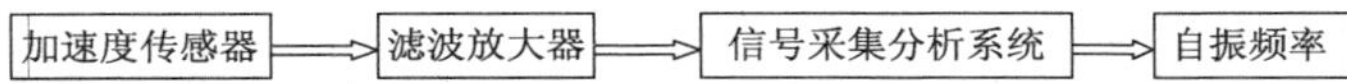

图 4-2　频率测试流程图

4.3.4　试验步骤

下面以第一种约束条件下的动力特性测试为例阐述试验的步骤,其他两种约束条件下的试验步骤只改变模型支座的形式,试验步骤与第一种约束的相同。

(1)模型调平

试验时,为保证试验模型处于理想的受力状态,需要考虑模型调平问题。首先利用 YJ31 测出各支座的支反力,再将其与理论计算得到的支反力值进行比较,最后用铁丝将可能脱空的支座与地面上已固定的螺栓相连,通过调整铁丝的长度以保证在试验过程中各支承均不产生拉力。

(2)模型激振

试验中激振点共 6 个,激振采用重物释放的方法。根据理论计算 1 阶振型的最大位移处,如图 4-5 所示,激振 C2 ~ C3 跨的 $L/2$ 点得出结构的 1 阶频率。每激振一次采集一次数据。

(3)数据量测

动力特性测试点共 13 个。

(4)数据采集和整理

在数据采集过程中,最重要的是采样,即将连续变化的信号转变为时间域离散的信号。采样的核心问题是:信号在时域离散化后不会失掉信息,即如何选取采样频率,从而保证采样后的离散信号能够准确而不失真地代表原有的连续信号。如果用f_m表示连续信号频谱的最大频率，f_s表示采样频率，则当$f_m \leqslant f_s/2$，即$f_s \geqslant 2f_m$时，在$f_m \geqslant 0$频率范围内，采样信号的频谱与原信号频谱完全一样，即采样信号无失真。但是，当$f_m > f_s/2$，即$f_s < 2f_m$时，平移谱将与原信号谱重叠，使某些频带的幅值与原始频谱不同，导致采样信号失真，造成较大误差。其物理概念是：采样频率太低，采样点太少，以致不能复现原信号。总之，为了使采样过程不失掉信息，就要求能从采样信号的频谱中取出原信号频谱，以保证能无失真地恢复原信号。这时f_s与f_m之间必须满足如下关系：$f_s \geqslant 2f_m$，即采样定律。本次动力特性试验中，所采样的频率在200～1 200Hz之间（即连续信号频谱最大频率的2～12倍），通过测试比较，采样频率取1 000Hz时试验的频谱图最为理想，故本次动力特性试验的采样频率取值为1 000Hz。

4.4 动力特性试验结果及其与有限元模型理论计算结果的分析比较

(1)试验结果

动力试验1～7号加速度传感器布置在主线桥C1～C4跨上，8～13号加速度传感器布置在匝道C5～C6跨上。通过13个测点频率的测试，反映立交桥梁主线与匝道刚度匹配的关系。图4-3～图4-5为三种约束条件下的部分测点的频谱图，通过比较主线测点与匝道测点频率的差异，从而可以反映出三种约束条件下的立交桥梁主线与匝道刚度的匹配关系。

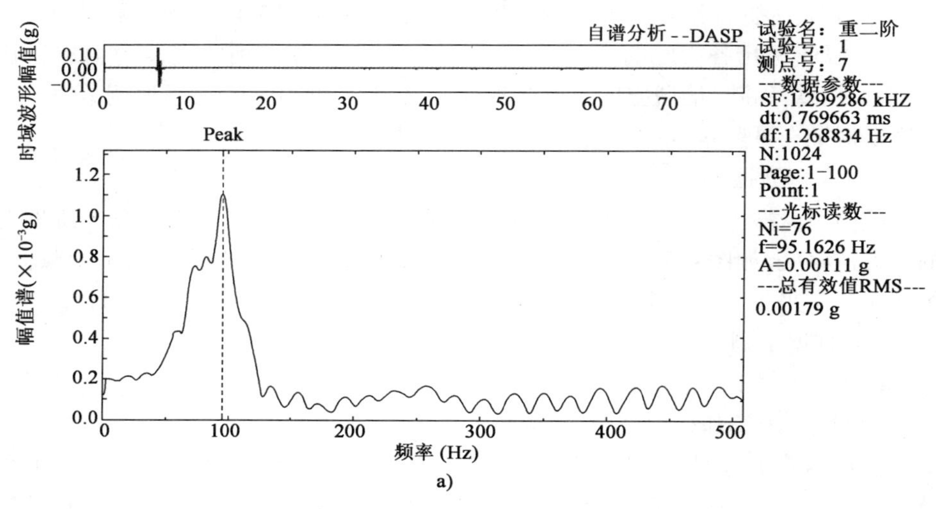

a)

图 4-3

自谱分析 - - DASP
时域波形幅值(g)
0.20
0.10
0.00
−0.10
−0.20
7.10
7.20
7.30
7.40
7.50
7.60
7.70
7.80
试验名：主跨
试验号：31
测点号：10
[人字桥]
[重物释放]
---数据参数---
SF:1.299286 kHZ
dt:0.769663 ms
df:1.268834 Hz
N:1024
Page:10
Point:1
---光标读数---
Ni=87
f=109.1197 Hz
A=0.00428 g
---总有效值RMS---
0.00889 g
Peak
幅值谱(×10⁻³g)
频率 (Hz)

b)

自谱分析 - - DASP
时域波形幅值(×10⁻³g)
2.0
1.0
0.0
−1.0
−2.0
4.00
4.10
4.20
4.30
4.40
4.50
4.60
4.70
试验名：匝道
试验号：21
测点号：4
[人字桥]
[重物释放]
---数据参数---
SF:1.299286 kHZ
dt:0.769663 ms
df:1.268834 Hz
N:1024
Page:6
Point:1
---光标读数---
Ni=107
f=134.4964 Hz
A=7.8E−6 g
---总有效值RMS--
1.4×10⁻⁵ g
Peak
幅值谱(×10⁻⁶g)
频率 (Hz)

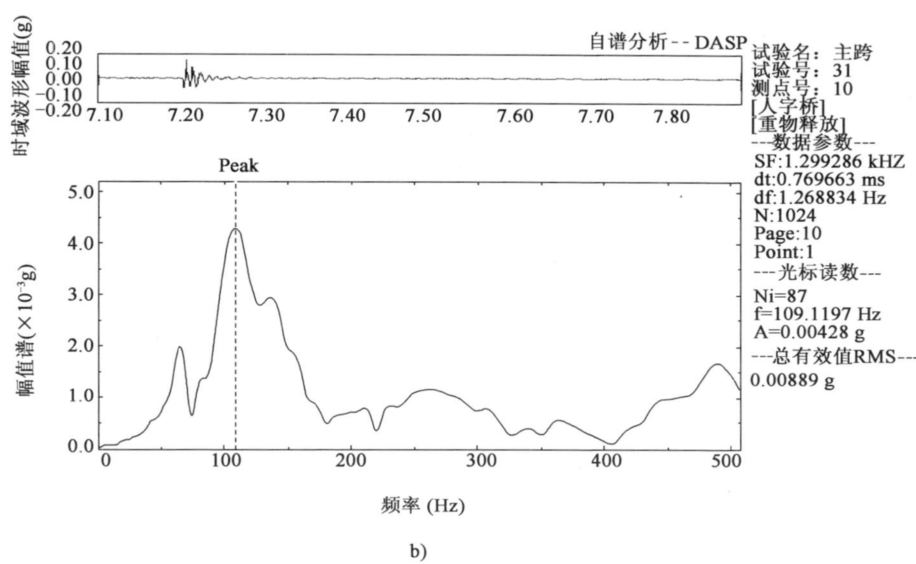

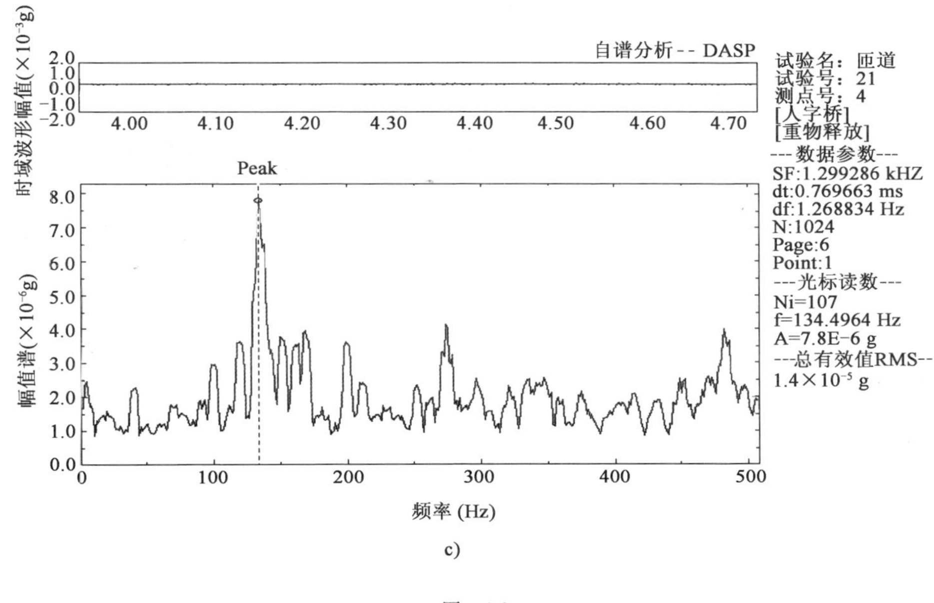

c)

图　4-3

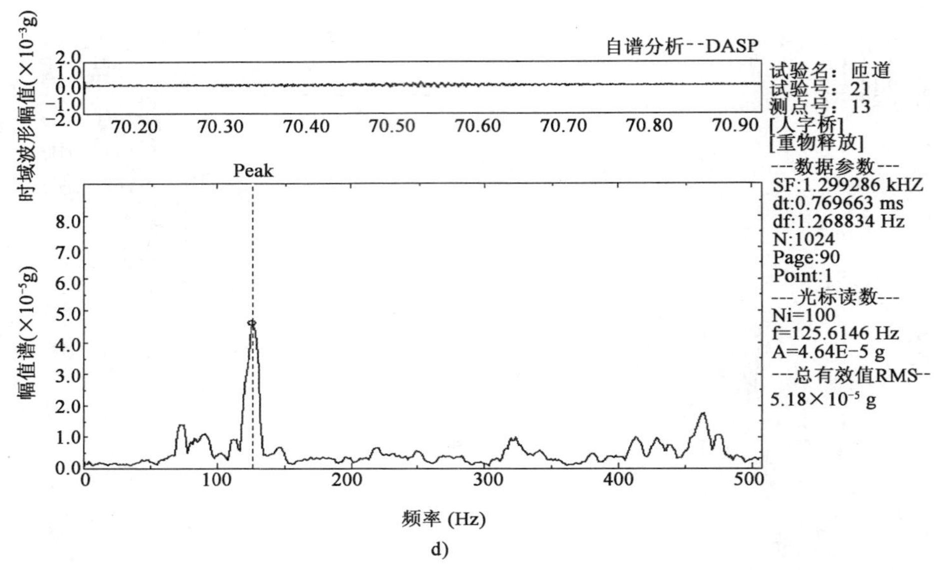

d)

图 4-3 第一种约束下的结构频谱图

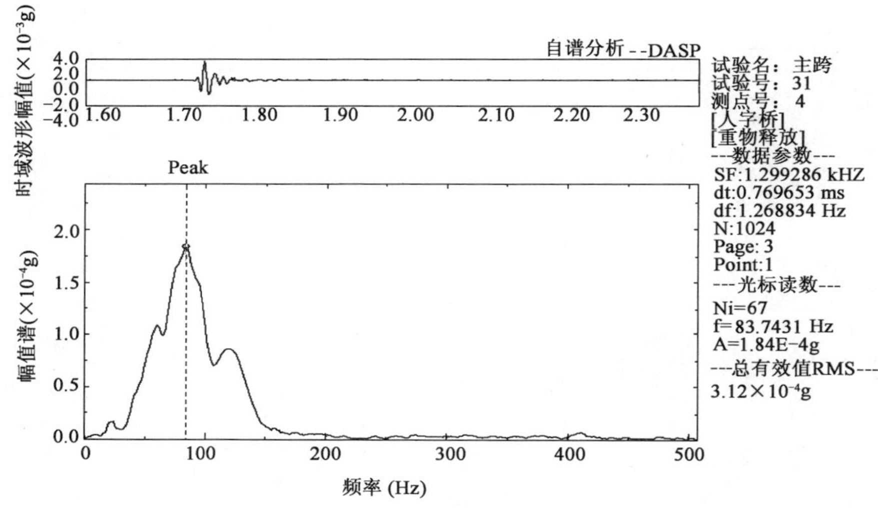

a) 1/2 C1～C2跨重物释放，1阶频率主桥4号测点

图 4-4

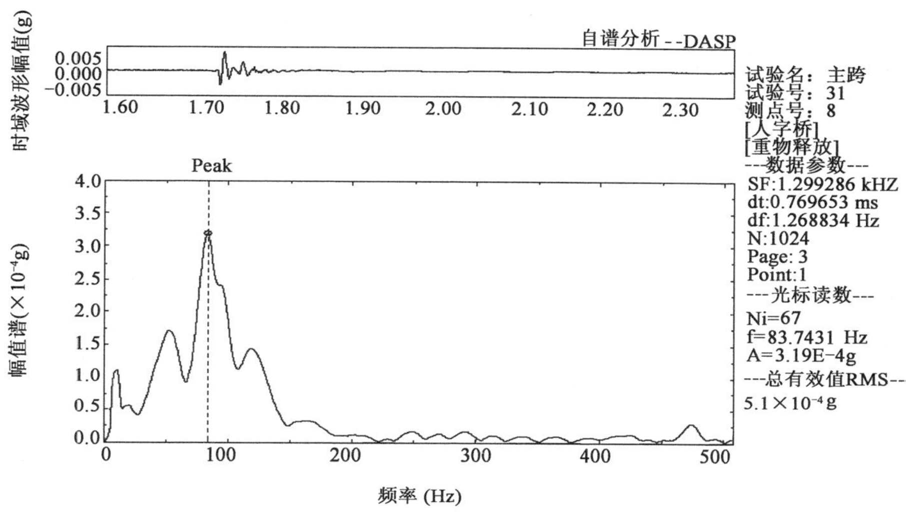

b)1/2 C1～C2跨重物释放，1阶频率匝道8号测点

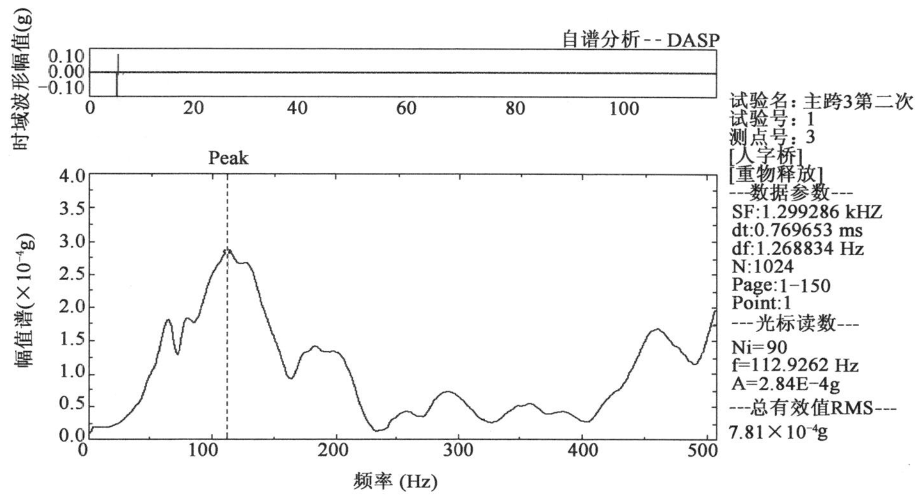

c) 1/4 C2～C5跨重物释放，2阶频率主桥3号测点

图　4-4

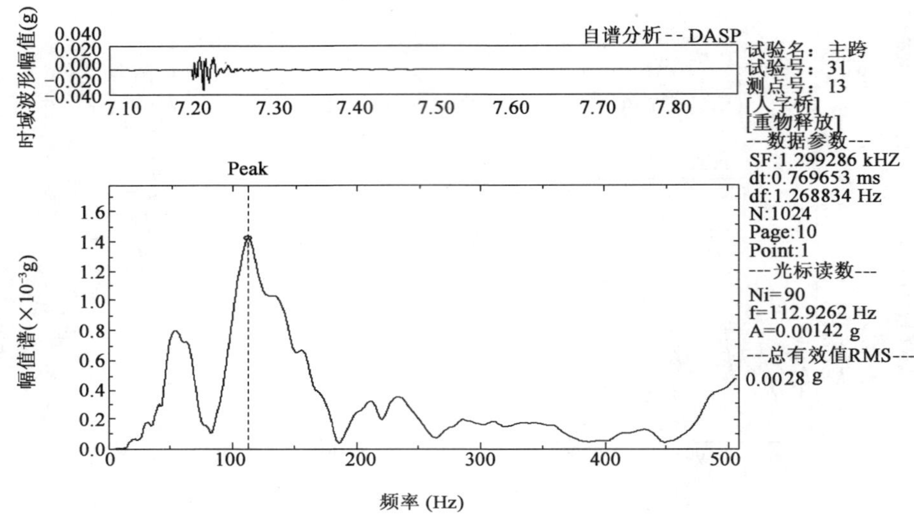

d)1/4 C2～C5跨重物释放，2阶频率匝道13号测点

图 4-4 第二种约束下的结构频谱图

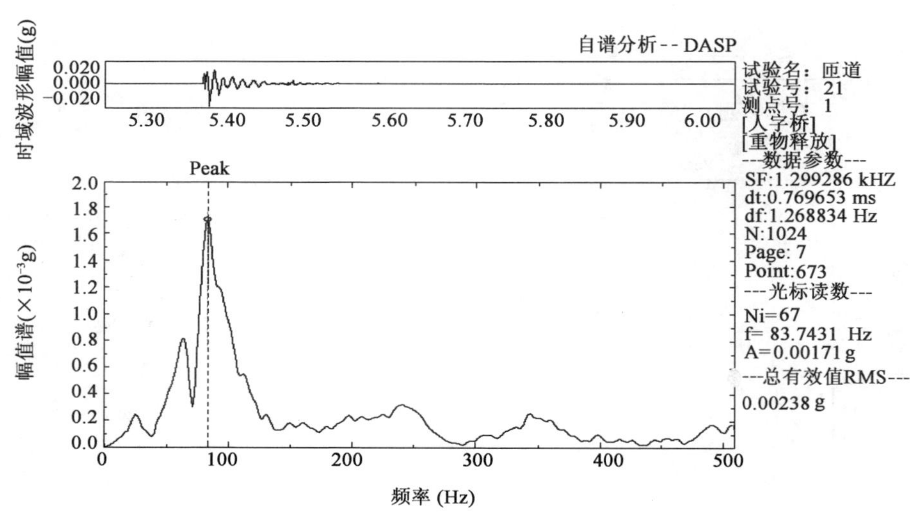

a) 1/2 C2～C3跨重物释放，1阶频率主桥1号测点

图 4-5

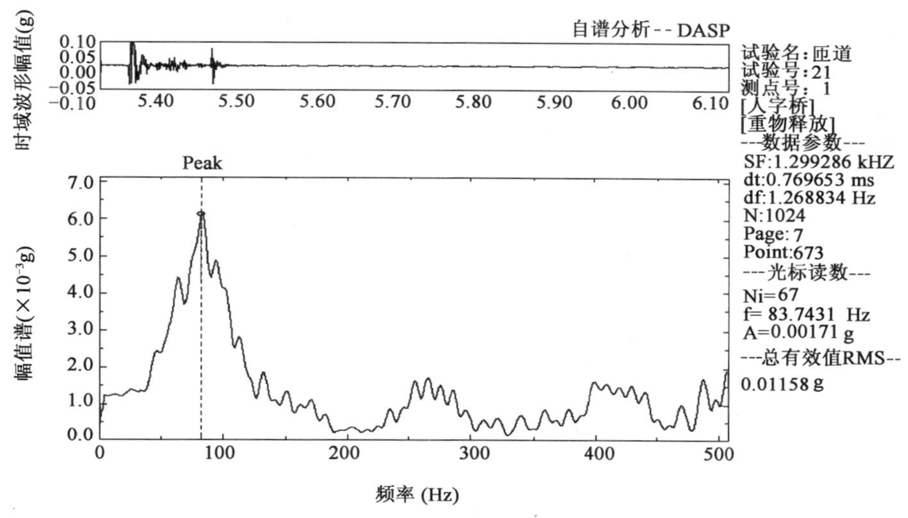

b)1/2 C2～C3跨重物释放，1阶频率匝道13号测点

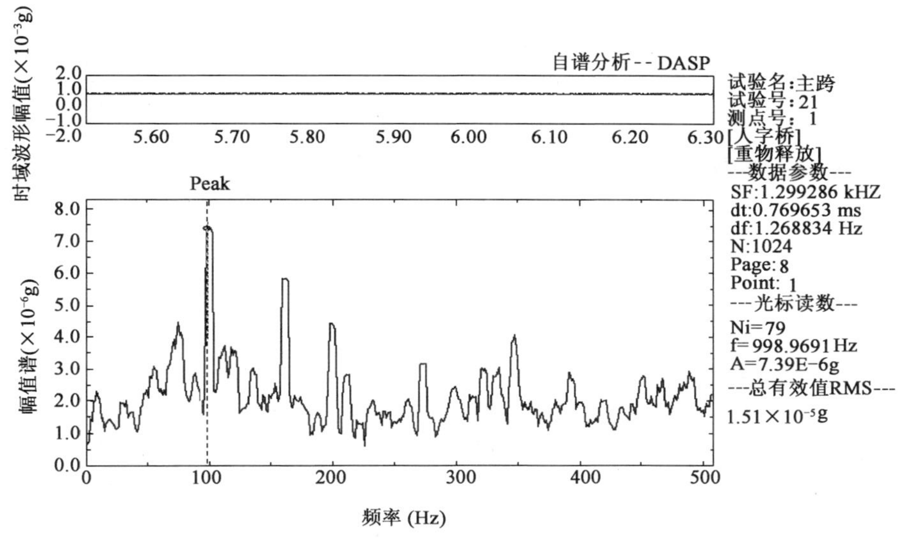

c)1/4 C2～C3跨重物释放，2阶频率主桥1号测点

图　4-5

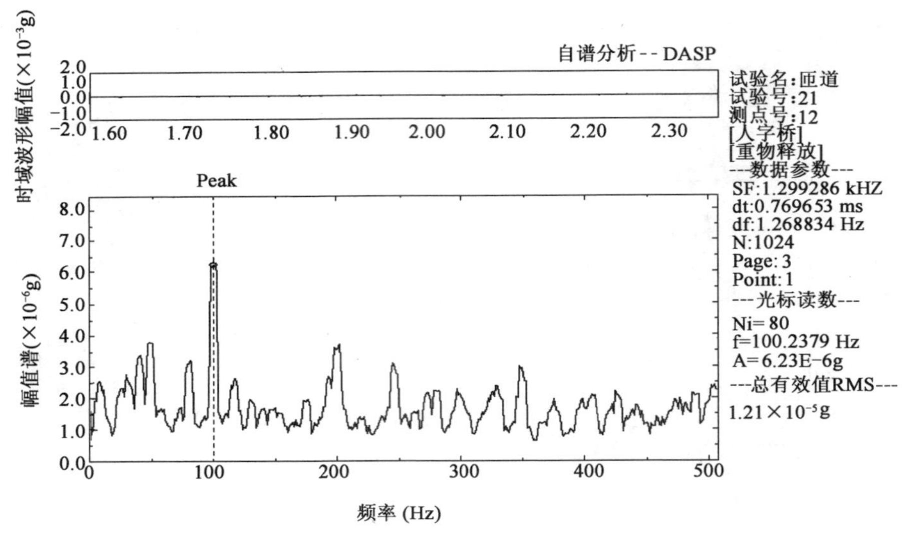

d)1/4 C2～C3跨重物释放，2阶频率匝道12号测点

图 4-5　第三种约束下的结构频谱图

(2)动力特性试验结果与有限元模型理论计算结果的分析比较

在振动作用下,三种约束条件的立交桥梁模型的固有频率实测值与理论计算值基本吻合,实测第 1 阶固有频率均较理论计算值大,表明该结构的实际动力刚度较设计刚度值大,这对结构是有利的。且三种约束条件下计算模型的 1 阶振型均表现为竖弯,这说明模型竖向刚度相对扭转刚度为弱,横向抗扭刚度比较理想。

计算得出:第一种约束条件,即在分岔处的内横梁及结构的三个端部设置抗扭双支座,在其他地方设置竖向无偏心单支座时,扭转的振型出现比较早,同时在后面几阶振型中均存在不同程度的扭转变形。在第二种约束条件下,即在分岔处的内横梁及结构的三个端部设置抗扭双支座,除了曲线匝道支点 C6 设置竖向偏心单支座外,其余设置竖向无偏心单支座,其基本振型是竖弯,而扭转出现的振型较迟。同时,在相应的扭转振型下,扭转变形的程度较第一种约束弱。这就说明了在立交桥梁曲线匝道间设置预偏心单支座,可以起到较为理想的抗扭效果。第三种约束与第二种约束的差别在于前者结构分岔处设置了偏心单支座而后者结构分岔处设置了抗扭双支座,从理论计算值进行分析比较,结果反映出二者比较相近。计算结果说明,设置抗扭双支座具有明显的抗扭作用,而在结构分岔处及曲线匝道间设置预偏心单支座,也同样能够起到较为理想的抗扭效果。由于支座设置了偏心，支承反力在截面上就会产生附加集中力矩 $\Delta T_i = e_i R_i$，支点偏心的组合就可以在曲线梁上作一组扭矩。

根据相关文献可知，曲线梁的受力性能有如下特点：

①轴向变形与平面内弯曲耦合；

②竖向挠曲与扭转耦合；

③挠曲变形和扭转变形耦合。

以上三个特点中，最主要的是挠曲变形和扭转变形耦合。曲线梁在竖向荷载和扭矩作用下，会同时产生弯矩和扭矩，并相互影响。同时，曲线梁内、外侧支座反力不等，内、外侧反力差会产生较大的扭矩，使梁截面处于"弯—扭"的耦合作用状态，其截面的主拉应力会有所增加。曲线梁任一截面的扭矩与支承偏心距的大小成正比。所以，增大支承的偏心距可以提高结构的抗扭刚度，推迟扭转振型的出现，使结构的内外侧支座反力差引起的扭矩有所减小，由于"弯—扭"的耦合作用，截面主拉应力会随之减小，从而有效调整了结构的内力，结构的竖向刚度也有所增加。所以，结构的 1 阶固有频率随着偏心距的增大而减小。本试验以第二种约束条件下结构的有限元模型为基础，测试时只改变分岔处 C2 支座的偏心距，其他结构设计参数均不变，通过模拟计算，分析并研究偏心距的大小对结构固有频率的影响。计算结果如图 4-6 所示，当计算模型在分岔处支座的偏心距从 10mm 增大到 50mm 时，即偏心距增大 5 倍，结构的固有频率减小了 16.7%。

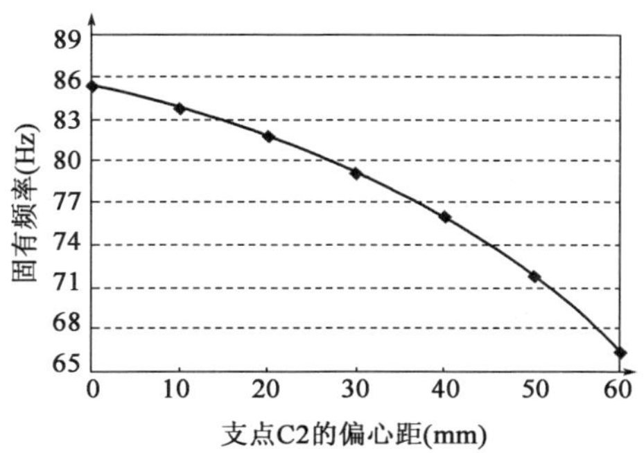

图 4-6　偏心距对结构固有频率的影响

试验结果显示，第一种约束条件下的抗扭效果较差。以 C5 ~ C6 跨上的 13 号测点为例，第一种约束的前三阶测试频率均大于第二、第三种约束的频率实测值，匝道的 2 阶频率的实测值为 125.16 Hz，即与 1 阶频率的两个实测值相差较大，其 2 阶频率的两个实测值相差也较大。这反映了由于曲线匝道在支点 C6 处设置无偏心单支座,不能对结构起到理想的抗扭效果,即第一种约束条件下结构主桥与匝道的刚度匹配关系较差。

试验结果显示,第二种约束条件下的抗扭效果最好。以 C2 ~ C3 跨上的 4 号测点为例,第二种约束条件下结构主桥的 1 阶频率的实测值为 83.74Hz ,与此同时, C2 ~ C5 跨上的 8 号测点的频率实测值也为 83.74Hz ;第二种约束条件下结构主桥的 2 阶频率的实测值为 112.92 Hz ,与此同时,C5 ~ C6 跨上的 13 号测点的频率实测值也为 112.92Hz。由此可以看出,以上的 1 阶频率与 2 阶频率的两个实测值均吻合,这反映了在曲线匝道支点 C6 处设置偏心单支座时,能够对结构起到理想的抗扭效果,第二种约束条件下结构主桥与匝道的刚度匹配关系良好。

试验结果显示,第三种约束条件下的抗扭效果较好。以 C1 ~ C2 跨上的 1 号测点为例,第三种约束条件下结构主桥的 1 阶频率的实测值为 83.74Hz ;与此同时,C5 ~ C6 跨上的 13 号测点的频率实测值为 82.47Hz ;同样以 C1 ~ C2 跨上的 1 号测点为例,第三种约束条件下结构主桥的 2 阶频率的实测值为 98.97Hz ,与此同时,C5 ~ C6 跨上的 12 号测点的频率实测值为 100.24Hz 。其 1 阶频率的两个实测值吻合,2 阶频率的两个实测值也相差不大,这反映了由于结构分岔处支点 C2 与曲线匝道支点 C6 设置偏心单支座,能够对结构起到理想的抗扭效果,第三种约束条件下结构主桥与匝道的刚度匹配关系良好。

综上所述,若支座设置不合理,结构横向扭转效应比较显著,不利于立交桥梁结构的整体受力,因此,设计时在保证满足抗弯刚度要求的前提下,应根据立交桥梁结构受力以及使用的实际情况,采取适当措施来改善结构的受力性能,即如在匝道曲线跨间设置预偏心支座、在结构的端部和分岔处设置抗扭双支座来减小由于约束扭转产生的翘曲以及畸变翘曲等,尽可能提高其抗扭刚度,以满足互通立交桥梁整体结构的稳定。

第5章　典型立交桥梁动力参数分析

固有频率与结构的质量和刚度有关，但对于同一结构，在设计参数相同的情况下，各因素对其频率也会产生不同的影响。除了第4章所论述的不同约束条件下对立交桥梁结构固有频率有直接影响外，桥梁分岔处的横隔梁刚度设置大小、匝道部分不同半径设置等设计参数的变化都会对结构的固有频率产生不同程度的影响。基于立交桥梁的模型动力特性试验分析，我们已经分析出第二、第三种约束条件下结构主桥与匝道的刚度匹配关系良好。本章以第二种约束条件为准，对该类结构进行有限元模型分析，进一步分析桥梁结构设计参数的变化对其固有频率的影响。

5.1　典型立交桥梁动力参数分析的有限元模型

有限元法是目前在工程中最通用的有效方法之一，它能处理任意形状的复杂结构和各种类型的荷载形式。其中，板壳有限元法是将结构按实际的组成情况分解为若干板元进行分析的有限元方法之一。采用板壳单元进行桥梁结构分析时，后处理工作量相对较大，难以直接给出内力，通常以给出应力为主。立交箱形桥梁工程通常可看作由多片薄板组成的薄壁空间结构，因此可以采用薄板单元的有限元法来进行立交箱形桥梁的结构计算。有限元法的计算精度主要取决于单元模型和划分网格线的精细程度，而单元模型的选择更为关键。在分析桥梁这种空间结构时，为了避免采用大量的单元去克服建立模型的困难，往往采用四边形单元。大量计算实例表明，采用每节点6个自由度的四边形单元（共24个自由度），能够适应绝大多数弯桥的结构分析。由于弯梁腹板的曲率半径往往比单元尺寸大得多，因此采用平板单元来代替具有一定曲率的腹板，一般均能满足设计要求。但考虑到采用小变形的线弹性理论假定，则平板单元的薄膜和受弯性能互不耦联，而空间壳单元是互相耦合的，这样就可使计算工作大为简化。

为此，我们可以通过选用四边形板壳单元来计算结构振动频率的理论值。如图5-1所示，建立的板壳模型总共划分为1 848个板壳单元，节点总数为

1 805。由于有限元板壳模型是按照典型的立交桥梁的顶底板、腹板以及横隔板的实际情况进行模拟，因此其截面特性可以直接在通用程序中给予模拟实现。有限元板壳模型虽然建模困难，后处理工作量较大，但板壳模型能直接模拟结构截面的刚度特性，这一点比梁格模型简单。即对于板壳模型的截面特性，只要按照板壳结构的截面特性直接在程序中输入即可，不需要专门处理就能实现。模型中将所有支座均设为抗扭转支座，且各支座截面处设有横隔梁，可看作刚性横隔梁，即截面的畸变角位移被约束。为此，本章基于板壳模型分别对三种约束条件下的结构动力特性进行论述。

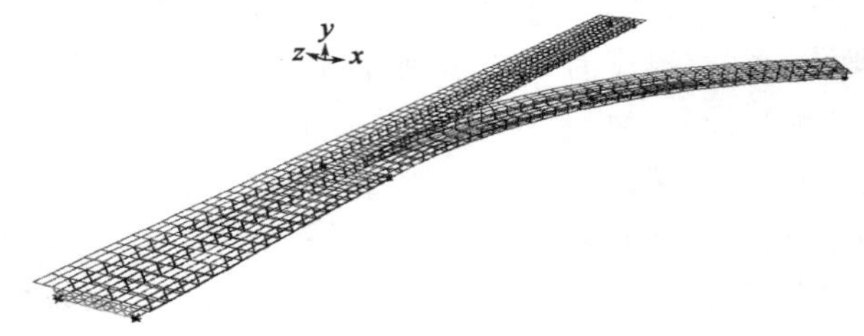

图 5-1　空间板壳有限元模型

5.2　立交处横隔梁刚度对结构固有频率的影响

分岔处横隔梁是立交桥梁结构中的重要构件，在此，我们基于第二种约束条件建立结构的有限元模型，分析时只改变分岔处横隔梁构件的刚度，结构的其他设计参数不变，通过模拟计算分析来研究分岔处横隔梁的刚度对结构固有频率的影响。当计算模型分岔处横隔梁的刚度分别增大 10 倍、20 倍、30 倍、40 倍、50 倍时，结构的固有频率在竖弯振型中比原来的频率分别增大了 1.4%、3.0%、4.7%、5.9%、6.5%，如图 5-2 所示。这说明随着立交桥梁结构中分岔处横隔梁

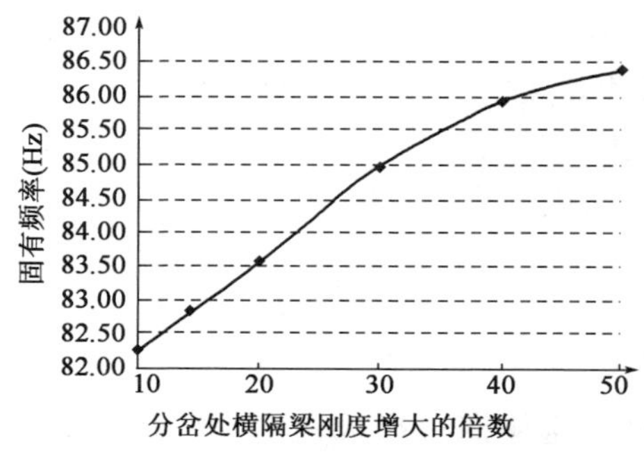

图 5-2　横隔梁的刚度对结构固有频率的影响

刚度的增大，结构的固有频率也会增大，但横隔梁结构属于局部构件，其刚度的变化对固有频率的影响并不是很大。

5.3　匝道半径对结构固有频率的影响

同理，只改变匝道的曲线半径，结构的其他设计参数不变，通过模拟计算来分析研究匝道的曲线半径对立交桥梁结构固有频率的影响。原有限元模型匝道的曲线半径为 1 667cm，当计算模型匝道的曲线半径分别为 1 800cm、1 900cm、2 000cm、2 100cm、2 200cm 时，结构的固有频率在竖弯振型中比原来的频率分别增大了 2.8%、5.7%、9.0%、12.5%、15.4%，如图 5-3 所示。这说明，立交桥梁结构基频竖弯随着匝道曲线半径的增加而变大。分析表明，匝道曲线半径的设置在相差并不是很大的情况下，对典型互通立交桥梁结构固有频率的影响并不显著。

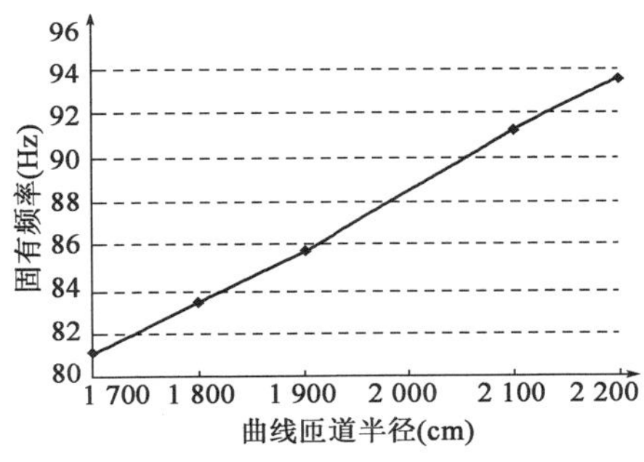

图 5-3　匝道半径对结构固有频率的影响

5.4　主梁不同截面的影响

基于梁格理论与板壳理论，分别对具有代表性的典型立交桥梁结构进行了详细的动力特性分析。从分析情况来看，这两种分析理论在结构的截面形式上完全不同。梁格理论相当于在结构的纵、横向设置杆件体系，而板壳模型是根据典型立交桥梁结构的实际情况进行模拟。通过这两种不同理论对相同结构的不同截面进行计算分析可以看出，当梁格模型的刚度较低时，其梁格模型的计算结果与板壳模型的计算结果就会出入较大，即在模拟梁格模型中，当梁格刚度小于板壳刚度时，固有频率的计算结果小于板壳模型，直到梁格模型中的梁格刚度基本与相对应的板壳刚度等效，其计算结果才能符合。同时，梁格理论和板壳理论对固有频率计算的符合程度与梁格模型中纵横梁格的模拟情况和网格划分的细密程度有关,越细密越接近。由此可见,当立交桥梁结构采用不同形式的截面时,就会导致不同的截面特性,特别是不同的刚度。同时,计算结果也反映了立交桥梁通常采用横截面抗弯及抗扭刚度较大的箱形梁截面的原因所在。在立交桥梁结构中,采用箱形截面不仅可以在受力及结构的使用性能上比通常的简支板梁显得更加合理实用,同时对提高结构的固有频率,确保行车平稳安全也是非常有利的。

第6章　典型立交桥梁的受力性能试验及承载能力评定

某立交桥梁，如图 6-1 所示，主线为三跨预应力混凝土连续梁，跨度为 (27.5 +50 +27.5)m，桥宽 12.6m；匝道为三跨预应力混凝土连续曲梁，半径为 50m，跨度为(31 +45 +31)m，桥宽 9.2m。设计荷载为汽—20，该桥属异形结构，受力较为复杂。根据相关规范及计算分析结果，在制订相关试验方案后进行桥梁的受力性能试验与承载能力评定。

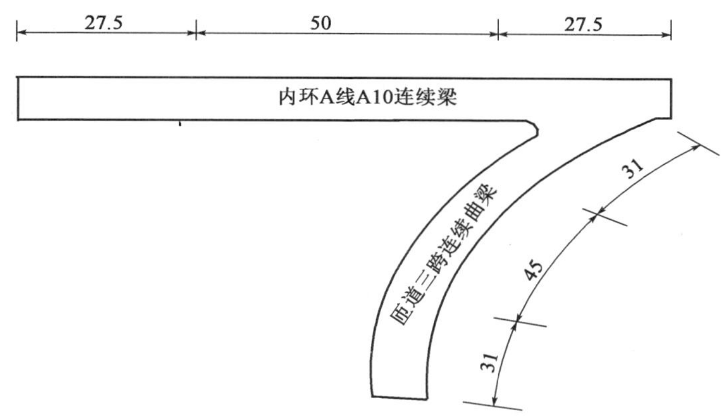

图 6-1　某立交桥梁示意图(尺寸单位：m)

6.1　测试目的及依据

立交桥梁结构的静、动载试验方案是根据《大跨径混凝土桥梁的试验方法》(以下简称《方法》)和我国现行的《公路桥涵设计通用规范》(JTG D60—2015)(以下简称《规范》)，以及有关的设计文件资料进行的，根据该桥的受力计算分析结果，并结合试验桥现场试验条件而制订。整桥静、动载试验选择在该桥主线的 50m 跨及匝道的 45m 跨上进行，其目的是通过静、动载测试考察该桥的结构性能；同时，可以进一步验证采用桥梁结构模型试验和采用板壳有限元法、梁格理论分析立交桥梁结构在数据上的可行性。

6.2 立交桥梁活载内力计算

结构的内力影响线采用空间杆系结构，其计算模型如图6-2所示，模型共包含215个节点、213个单元。活载效应计算采用动态规划法加载，根据规范有关规定可得出各控制截面的活载内力，如表6-1～表6-3所示。除特别说明外，本书中约定应力以拉为正，以压为负，弯矩单位为kN·m，应力单位为MPa。

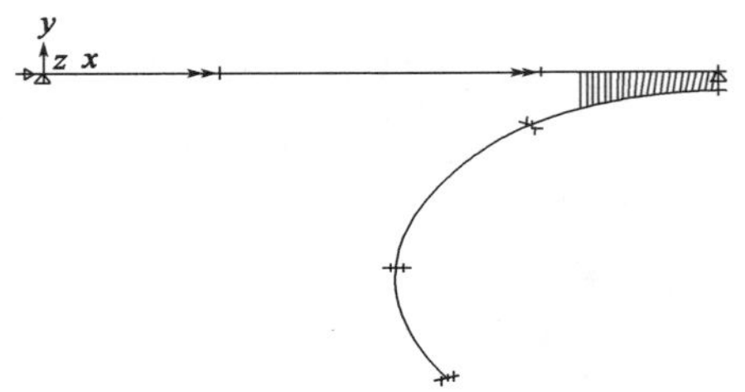

图6-2　有限元分析模型

主线连续梁、匝道曲梁活载内力汇总　　表6-1

截　面	活载弯矩汇总		活载剪力汇总		活载扭矩汇总	
	最大	最小	最大	最小	最大	最小
50m跨跨中	5 420	-1 220	377	-392	753	-275
50m跨1/4跨中	3 250	-2 130	166	-768	1670	-92.1
18a支点	2 090	-9 570	1 610	-1 160	2 660	-958
27.5m跨中	3 890	-2 460	1 580	-1 470	72	-2.1
17a支点	869	-839	2 000	-2 550	105	-50.4
45m跨跨中	4 060	-941	316	-340	105.7	-60.9
45m跨1/4跨中	2 400	-1 570	166	653	5.3	-304.7
h2支点	2 520	-7 610	1 210	-949	883.0	-2 000.0
31m跨中	3 620	-6 560	1 380	-1 240	1 023	-527
18a支点	839	-869	1 950	-2 170	76	-43

主线连续梁试验荷载效应　　表6-2

工　况	荷载产生的弯矩效应(kN·m)			加载效率 η		
	50m跨跨中截面	$L/4$	18a支点截面	50m跨跨中截面	$L/4$	18a支点截面
1	1 668.9	1 027.4	2 372.2	29.0%	28.1%	24.8%
2	3 337.8	2 054.8	-4 744.4%	57.9%	56.1%	49.6%

续上表

工　　况	荷载产生的弯矩效应（kN·m）			加载效率 η		
	50m 跨跨中截面	L/4	18a 支点截面	50m 跨跨中截面	L/4	18a 支点截面
3	5 006.7	3 082.2	-7 116.6	86.9%	84.2%	74.4%
4	5 213.57	3 403.13	-8 552.5	90.5%	93.0%	89.4%
5	5 420.44	3 724.06	-9 988.4	94.1%	101.8%	104.4%
6	185.28	397.98	-103.4	3.2%	10.9%	1.1%
7	370.56	795.96	-206.8	6.4%	21.7%	2.2%
8	561.13	1 205.29	-314.6	9.7%	32.9%	3.3%

匝道连续曲梁试验荷载效应　　表 6-3

工　　况	荷载产生的弯矩效应（kN·m）			加载效率 η		
	45m 跨跨中截面	L/4	h2 支点截面	45m 跨跨中截面	L/4	h2 支点截面
1	78.984	202.17	296.05	1.5%	7.8%	
2	157.968	404.34	592.1	3.1%	15.6%	
3	236.952	606.51	888.15	4.6%	23.3%	
4	284.76	728.88	1 067.34	5.5%	28.0%	
5	332.568	851.25	1 246.53	6.4%	32.7%	
6	1 530.8	-212.62	-2 142.3	29.6%		28.2%
7	3 061.6	-425.24	-4 284.6	59.2%		56.3%
8	4 320.1	-505.541	-6 462.4	83.6%		84.9%

6.3　试验荷载及加载方案

6.3.1　试验荷载

根据《方法》要求，桥梁的静力试验按荷载效率 η 来确定试验的最大荷载。静力荷载效率 η 的计算公式为：

$$\eta = \frac{S_{\text{stat}}}{S \cdot \delta} \tag{6-1}$$

式中：S_{stat}——试验荷载作用下，检测部位变形或内力的计算值；

S——设计标准荷载作用下，检测部位变形或内力的计算值；

δ——设计取用的动力系数。

η 取值宜在 0.8 ~1.05 之间。试验时，采用 5 辆汽车（单车重 300kN 左右，总重约 1 500kN）作为试验荷载，并根据测试结果加以调整。试验时，选取主线连续梁的 50m 跨跨中截面、18a 支点截面、匝道曲梁的 45m 跨跨中截面、h2 支点截面作为应力检测截面；计算得出应力检测截面设计内力见表 6-2、表 6-3，并以此值作为计算公式（6-1）中的 S 值；根据 5 辆汽车试验荷载的载位布置（图 6-3），可得出试验荷载内力效应，并以此作为计算公式（6-1）中的 S_{stat}，相应动力系数 δ 取 1.0，加载效率 η 的计算结果如表 6-2、表 6-3 所示。在试验荷载载位情况下，校核其他截面内力，均未超过其设计内力，说明试验荷载载位安全有效。

6.3.2 加载程序

（1）将加载汽车过地磅称重后，将加载车辆停放在距被测试桥跨 50m 以外的桥上。过磅称重后的各加载车重如表 6-4 所示。

加载车辆称重的轴重表（kN） 表 6-4

车 号	前 轴 重	后 轴 重	总 重
J00868	53.7	245.0	298.7
EG1388	83.0	226.0	309.0
A032626	73.2	258.4	331.6
EG1339	55.5	241.3	296.8
J00489	66.0	234.0	300.0

（2）正式加载前，用 4 辆较重的加载汽车在被测试桥跨上来回反复通行几次，对桥跨施加预压，以消除非弹性变形。预压后，非工作人员退场，待一切工作安排就绪，各试验量测仪表读数调零，进行第一次空载读数。

（3）正式实施试验加载，试验加载采用分级加载程序进行。试验加载汽车布置的载位见图 6-3。试验加载的程序如下：

①第一加载阶段——使主线 50m 跨中产生最大正弯矩。

工况 1：1 辆重约 300kN 的汽车在 50m 跨中位置居中加载；

工况 2：1 辆重约 300kN 的汽车在 50m 跨中位置对称加载；

工况 3：1 辆重约 300kN 的汽车在 50m 跨中位置一侧加载。

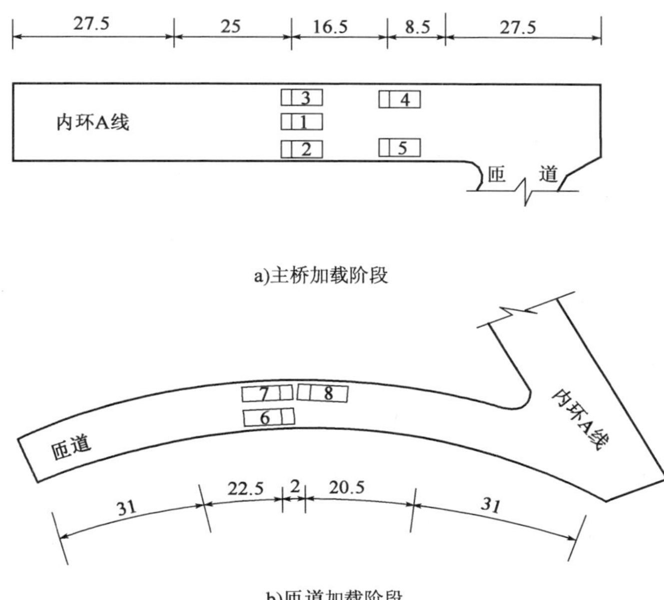

图6-3 试验加载汽车载位布置示意(尺寸单位:m)

②第二加载阶段——使主线18a支点截面产生最大负弯矩。

工况4:1辆重约300kN的汽车在$L/4$位置居中加载;

工况5:1辆重约300kN的汽车在$L/4$位置对称加载。

③主线卸载。

工况卸1:工况1～工况5中,5辆重约300kN的汽车卸载离桥。

④第三加载阶段——使匝道曲梁的45m跨跨中产生最大正弯矩。

工况6:1辆重约300kN的汽车在45m跨中位置居中加载;

工况7:1辆重约300kN的汽车在45m跨中位置对称加载。

⑤第四加载阶段——使匝道曲梁的h2支点截面产生最大负弯矩。

工况8:1辆重约300kN的汽车在45m跨中附近位置加载。

⑥匝道卸载。

工况卸2:工况6～工况8中3辆重约300kN的汽车卸载离桥。

(4)每级汽车荷载驶入指定的区域就位后,稳定15min,记录加载后第一次读数，间隔 10min 再记录加载的第二次读数，两次读数差均小于前次读数增量的10%时，认为结构变化已趋稳定。

6.4 量测方案

6.4.1 挠度量测方案

变形测点布置如图 6-4 所示，变形测点共计 15 个，采用长 8cm 水泥钉固定在沥青铺装层上。变形测量采用二等水准测量标准，测试精度为 0.1mm，后视点设置在 A 线测试桥跨以外。量测内容为各级荷载下的变形及卸载后残余变形。

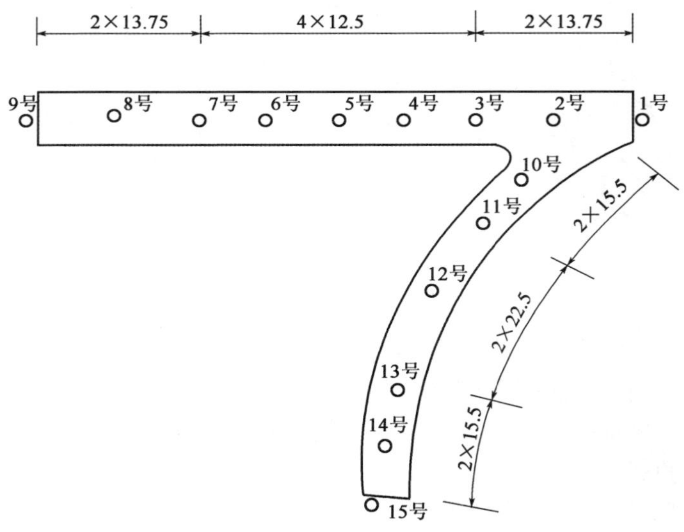

图 6-4　变形测点布置示意图(尺寸单位:m)

6.4.2 应变量测方案

根据《方法》的规定及分析计算，设置 5 个应变量测截面，选取主线 A10 联 50m 跨跨中截面 *A-A*、18a 支点截面 *B-B*、17a 支点截面 *E-E*、匝道曲梁 45m 跨跨中截面 *C-C*、匝道曲梁 h2 支点截面 *D-D* 作为应变测试截面。各截面应变测点布置如图 6-5 ~ 图 6-8 所示，共布置混凝土测点 38 个，采用日本 PL-90-11-3LT 应变片。量测内容为各级荷载下的应变及卸载后残余应变。

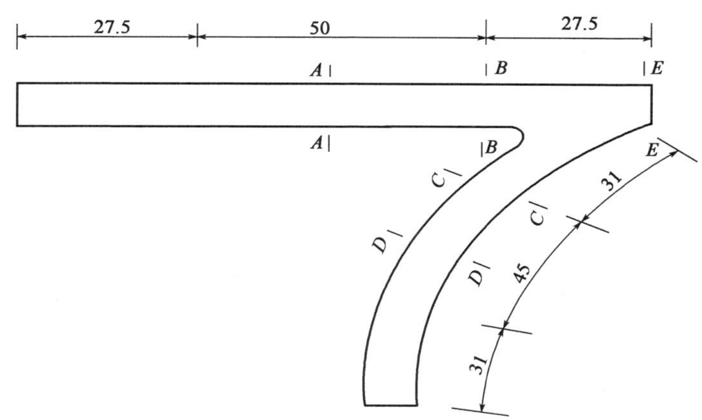

图6-5 应变测试截面布置图

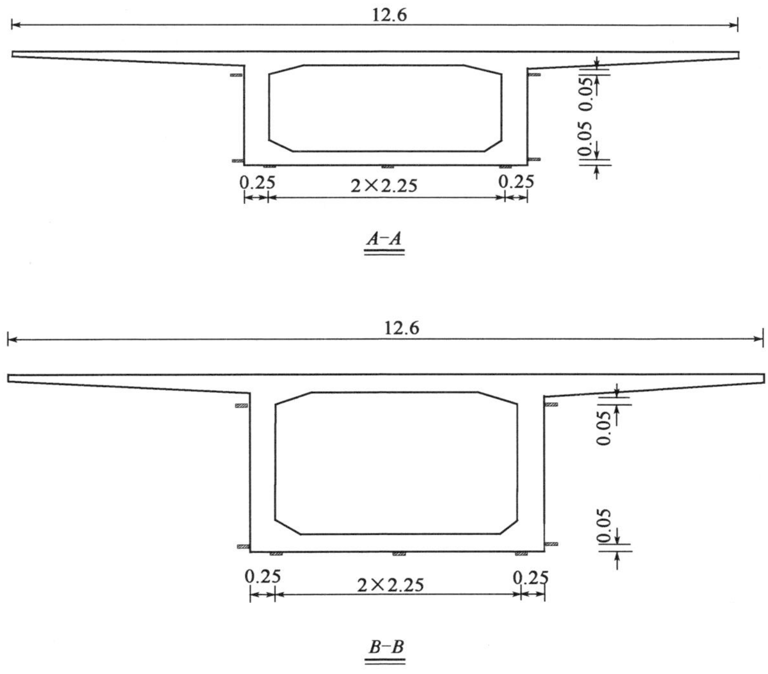

图6-6 主线 *A-A*、*B-B* 截面应变测点布置示意图(尺寸单位:m)

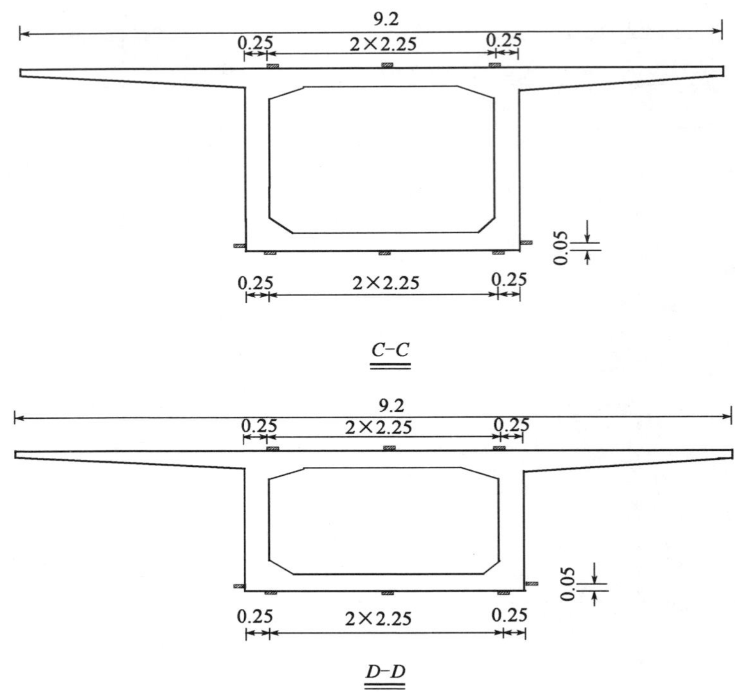

图 6-7　匝道 *C-C*、*D-D* 截面应变测点布置示意图(尺寸单位:m)

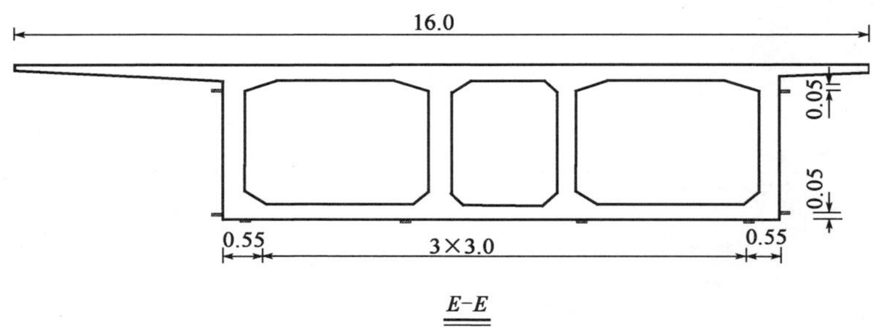

图 6-8　*E-E* 截面应变测点布置示意图(尺寸单位:m)

6.4.3　量测制度

(1)准备阶段

①量测仪器经全面标定后方可进入测试现场。

②对应变片、测量导线须进行严格分组,同组阻值偏差不得大于 0.1Ω。

（2）现场加载测量阶段

①对于混凝土应变测点均按照实际情况设置了对应的温度补偿片。

②试验时间为晚23:30～次日早晨5:00之间，应变、变形量测同步进行，以消除温度、大气折射对量测结果的影响。

③为减小变形测量误差，每次测量采用闭合回路，只有当闭合回路差小于1.0mm时，本次变形测量方为合格；否则，立即进行重测。

④每次加载15min，待结构反应稳定后方可进行测量。

6.4.4 测试仪器设备

（1）TDS303数据采集系统；

（2）精密水准仪。

6.5 试验主要结果及分析评定

6.5.1 测试结果

挠度观测结果：在工况5试验荷载作用下，试验实测主线连续梁50m跨中最大挠度为10.8mm，而对应的理论计算挠度值为12.105mm，两者的比值为0.892；在工况8试验荷载作用下，试验实测匝道曲梁45m跨中最大挠度为9.0mm，而对应的理论计算挠度值为9.044mm，两者的比值为0.995，满足《方法》$\beta < \frac{S_e}{S_{stat}} \leqslant \alpha$的要求，式中：$\alpha = 1.05$，$\beta = 0.7$。

应力（应变）观测结果：主线连续梁、匝道曲梁各截面主要工况试验实测应变及对应的理论应变计算值比较如表6-5所示。各测试截面最大反应的实测平均值与理论计算值的比值如表6-6所示，能满足《方法》$\beta < \frac{S_e}{S_{stat}} \leqslant \alpha$的要求，式中：$\alpha = 1.05$，$\beta = 0.7$。

主要工况实测最大应变值平均值与理论计算值比较（με）　　表6-5

截　　面	工况	实测应变值		理论计算值	
		梁体上缘测点	梁体底板测点	梁体上缘测点	梁体底板测点
主线50m跨中截面	工况5	7	92	9	91
主线18a支点截面	工况5	9	-64	13	-74
匝道45m跨中截面	工况8	-47	65	-51	77
匝道h2支点截面	工况8	39	-47	41	-50

各测试截面实测最大反应平均值与理论计算值的比值　　表 6-6

梁跨及测试截面		工　况	箱梁底板	箱梁上缘
主线连缘梁	50m 跨中截面	工况 5	0.777	1.011
	18a 支点截面	工况 5	0.692	0.865
匝道曲梁	45m 跨中截面	工况 8	0.922	0.844
	h2 支点截面	工况 8	0.951	0.94

试验结束前，对该桥进行了残余变形观测。主线连续梁 50m 跨中的最大残余挠度为 1.3mm，50m 跨中下缘的残余应变则为 2 με，与相应的最大挠度 10.8mm、最大应变 92 με相比仅为 0.120 和 0.022；匝道曲梁 45m 跨中的最大残余挠度为 0.4mm，45m 跨中箱梁底板的残余应变则为 −4 με，与相应的最大挠度 9.0mm、最大应变 −65 με相比仅为 0.044 和 0.062，满足《方法》$\frac{S_p}{S_{tot}} \leqslant \alpha$ 的要求，式中 $\alpha = 0.2$。在整个加载试验过程中，该桥桥面、梁体下缘没有发现裂缝。

6.5.2　分析评价

立交桥梁静力行为测试表明，该桥工作性能尚好，测试结果反映该桥实测应力（应变）变化所呈现的规律与理论计算情况相符，处于弹性工作范围，能满足《规范》及《方法》的要求。

6.6　动载试验内容及方法

动载试验主要是测试桥梁结构的自振和受迫振动特性。受迫振动特性的测量则是利用一辆重约 100kN 的汽车，在桥面上分别以 20km/h、40km/h、60km/h 的速度行驶，并在一高约 15cm 的垫块上由后轮自由下落进行激励振动。动载试验的主要内容是测试桥梁结构的自振和受迫振动特性以及各测点的动挠度、加速度。加速度传感器布置如图 6-9 所示，动态测试的 5 个测点沿主线梁中线布置，由于匝道曲梁无法进行跑车试验，因此仅在主线连续梁上进行了跑车测试。

由于该桥结构异形、动态响应较为复杂，为了能够系统测得该桥的动态性能，在试验过程中，每种速度工况及跳车工况各进行两次以上，故全桥动测共进行试验测试 11 次。大桥的振动信号通过加速度传感器予以测量，并由计算机进行数据采集和记录，然后再通过动态信号分析软件进行分析，给出试验桥动态试验结果。动态测试的主要仪器为：加速度传感器、电荷放大器、DASP 动态测试系统与分析软件、笔记本电脑一台（Win7 及以上操作系统）。

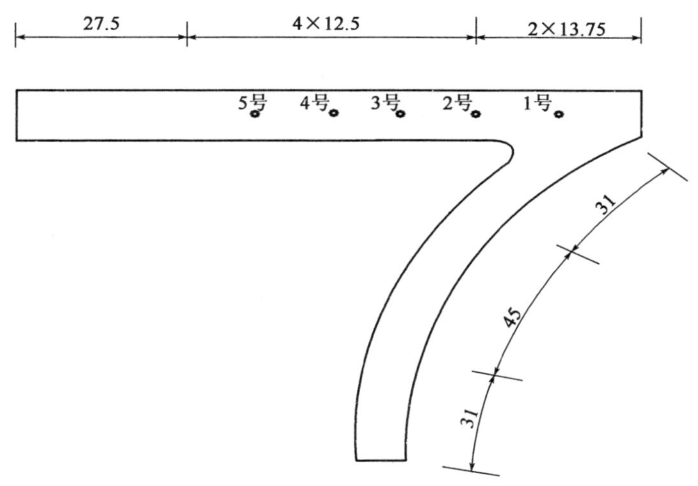

图6-9 传感器布置

6.7 动载试验结果

由实测信号分析，得到该桥第一阶特征频率为2.305Hz，阻尼比为0.049，为竖向正对称振型。该桥动力特性的理论计算值见表6-7，该桥在各行车速度下所测得的频率、动挠度、加速度详见图6-10～图6-25。

主线梁体自振特性理论计算值 表6-7

阶次	频率(Hz)	振型
1	2.493	竖向正对称
2	5.438	竖向反对称
3	6.737	竖向正对称
4	8.375	竖向反对称

由试验可知，立交桥梁的静、动载试验测试数据理论分析与该桥在试验荷载作用下的工作性能较好，尚处于弹性工作状态，各项检测指标基本能够满足《方法》《规范》及设计要求。但匝道曲梁刚度稍偏小，可能的原因有：混凝土弹性模量偏小；箱梁内部存在裂缝。总的说来，该桥可以投入正常运行。

综上所述，复杂立交桥梁结构的特征频率与理论计算值基本吻合，实测动挠度变化规律及动力系数均与理论结果相符。

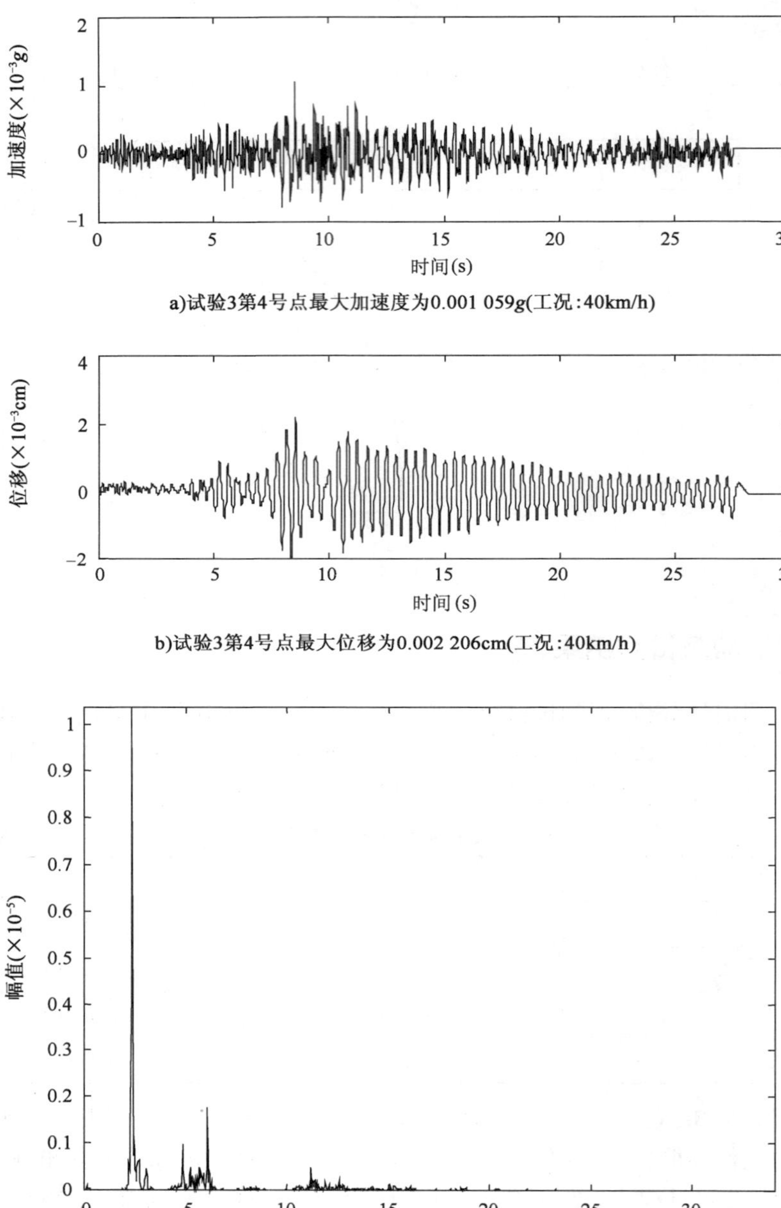

a)试验3第4号点最大加速度为0.001 059g(工况:40km/h)

b)试验3第4号点最大位移为0.002 206cm(工况:40km/h)

c)试验3第4号点基频为2.333Hz(工况:40km/h)

图6-10　40km/h跑车加速度、位移时程曲线及频谱图

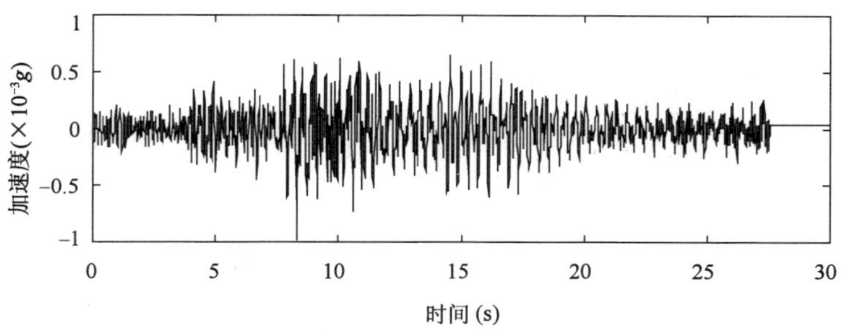

a)试验3第5号点最大加速度为0.000 9855g(工况:40km/h)

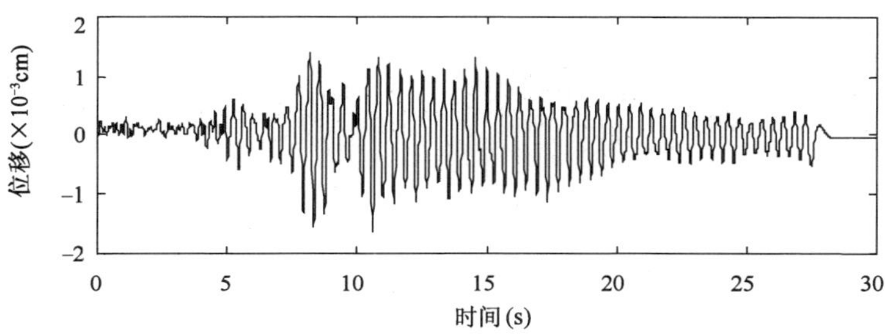

b)试验3第5号点最大位移为0.001 633cm(工况:40km/h)

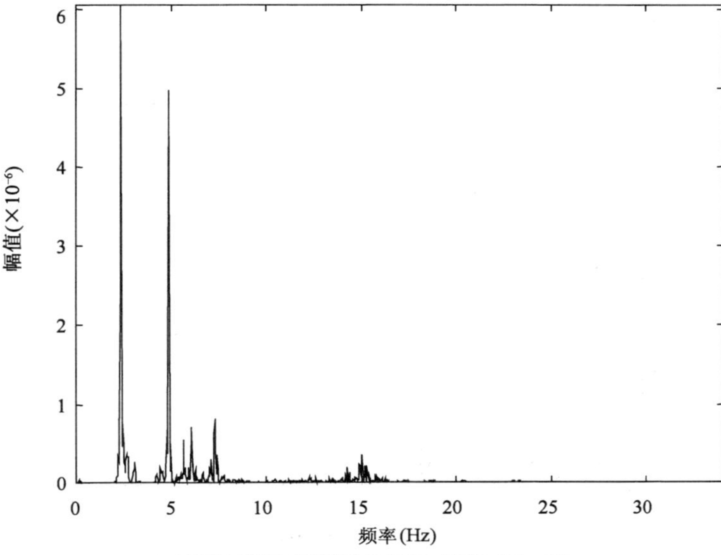

c)试验3第5号点基频为2.333Hz(工况:40km/h)

图 6-11　40km/h 跑车加速度、位移时程曲线及频谱图

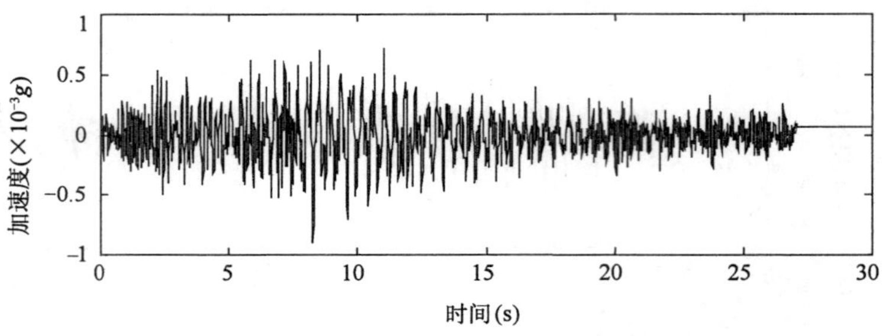

a)试验4第4号点最大加速度为0.000 900 8g(工况:40km/h)

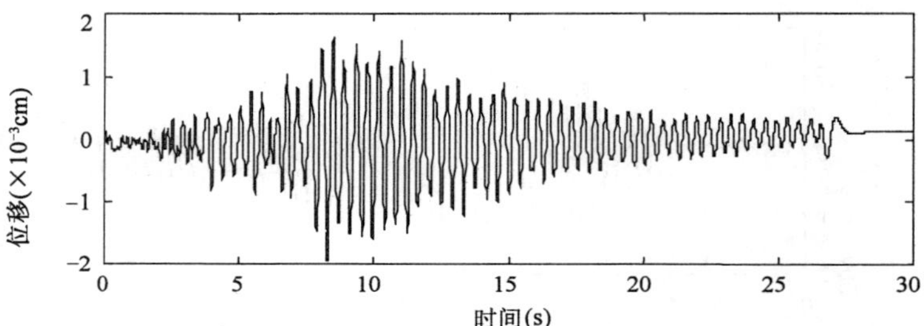

b)试验4第4号点最大位移为0.001 958cm(工况:40km/h)

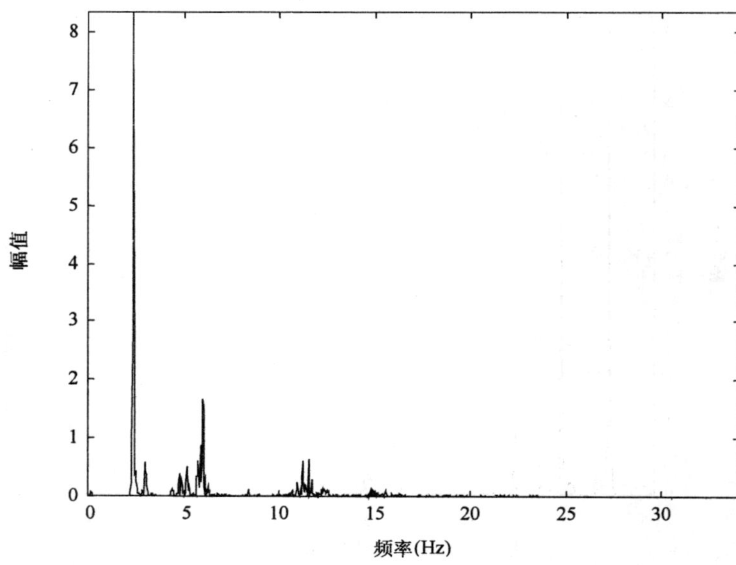

c)试验4第4号点基频为2.333Hz(工况:40km/h)

图 6-12 40km/h 跑车加速度、位移时程曲线及频谱图

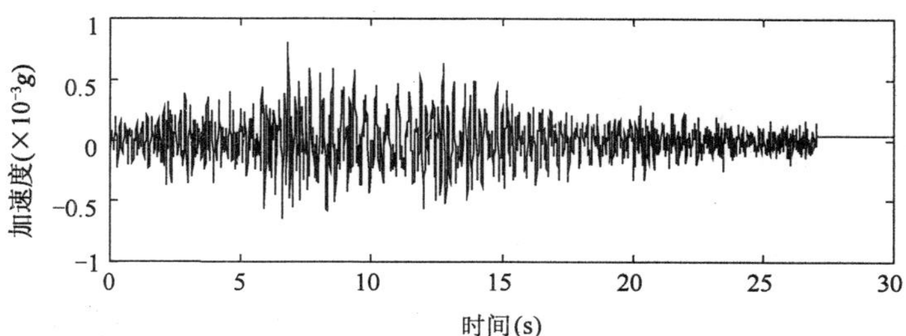

a)试验4第5号点最大加速度为0.000 810 4g(工况:40km/h)

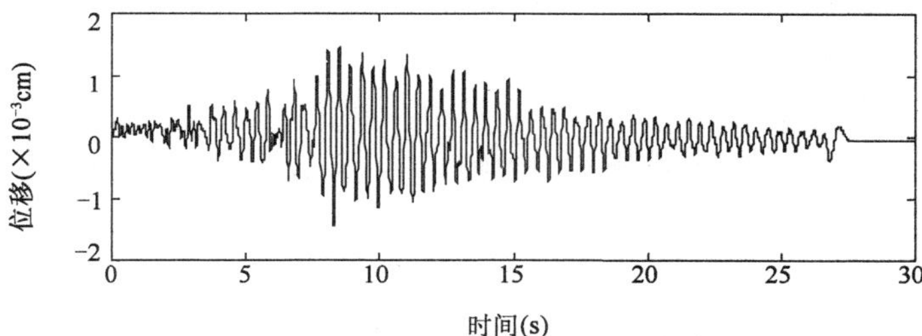

b)试验4第5号点最大位移为0.001 477cm(工况:40km/h)

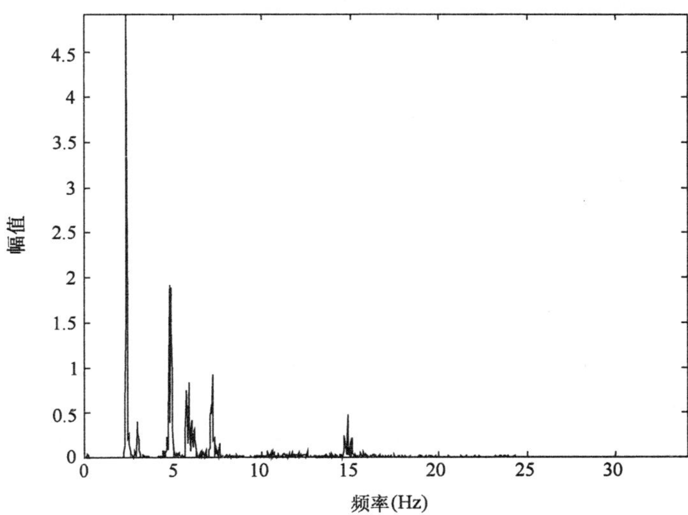

c)试验4第5号点基频为2.333Hz(工况:40km/h)

图 6-13 40km/h 跑车加速度、位移时程曲线及频谱图

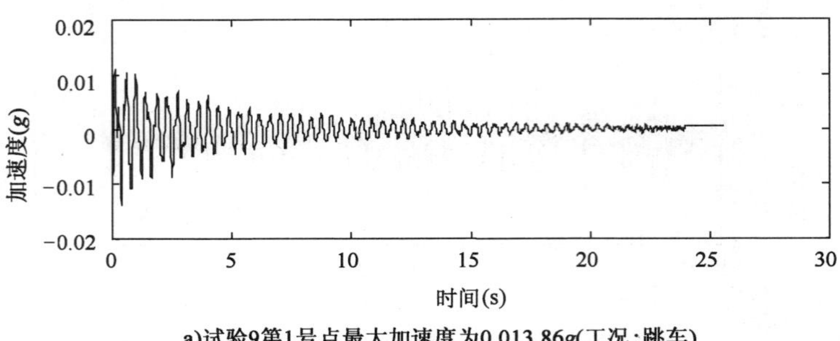

a)试验9第1号点最大加速度为0.013 86g(工况:跳车)

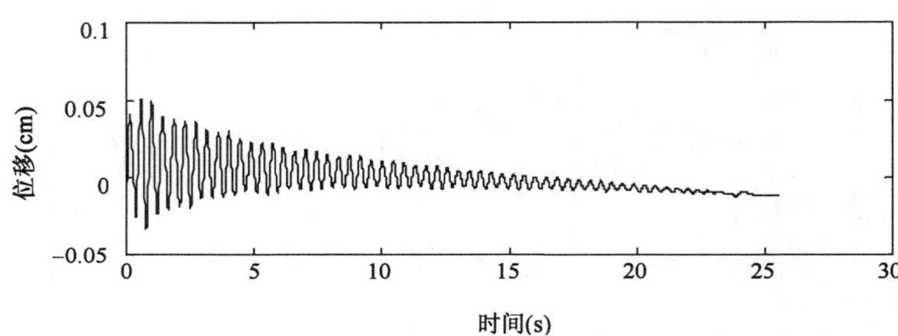

b)试验9第1号点最大位移为0.051 2cm(工况:跳车)

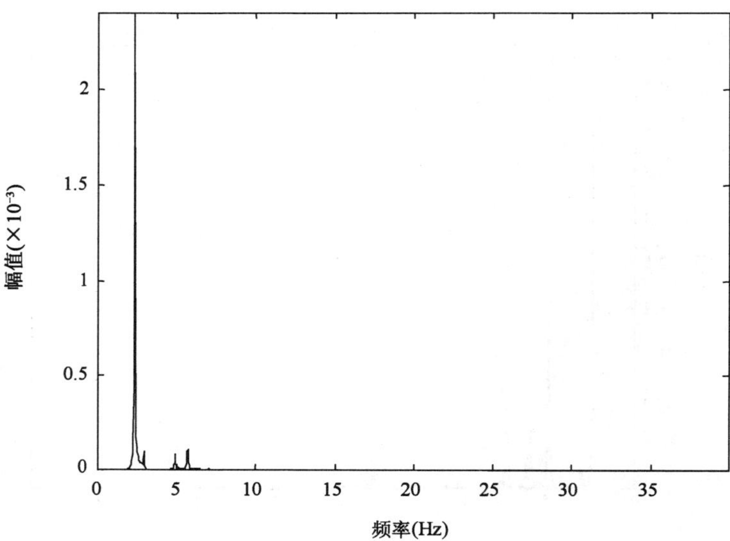

c)试验9第1号点基频为2.305Hz(工况:跳车)

图6-14 跳车加速度、位移时程曲线及频谱图

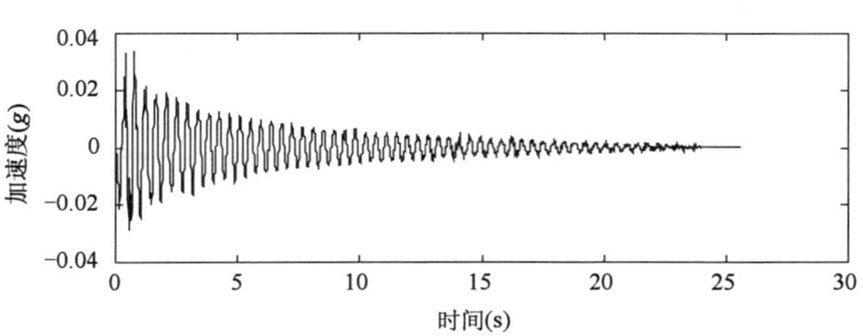

a)试验9第3号点最大加速度为0.033 96g(工况:跳车)

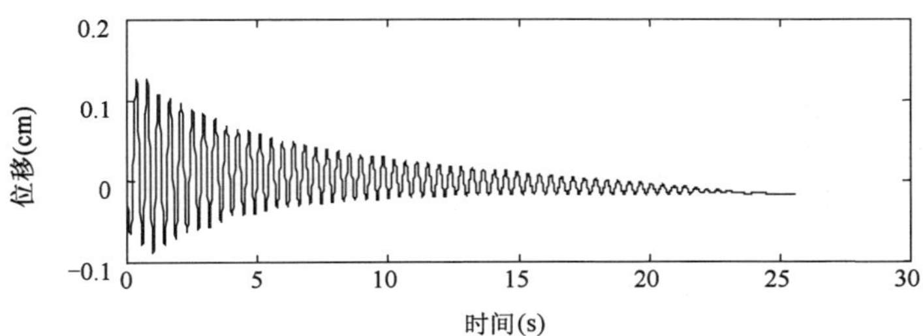

b)试验9第3号点最大位移为0.129 1cm(工况:跳车)

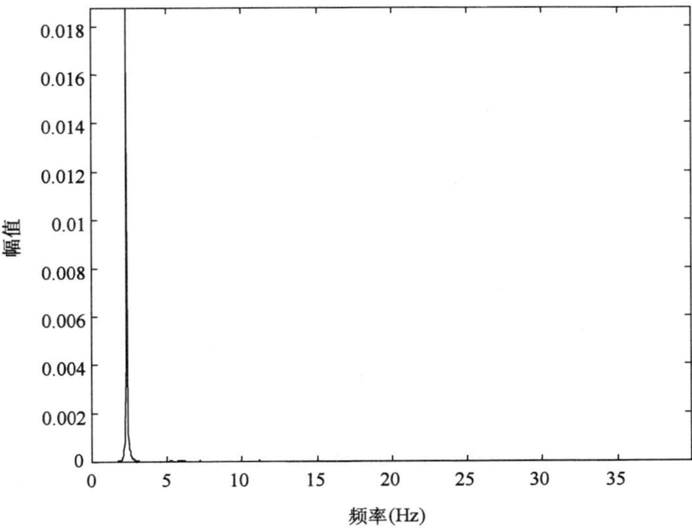

c)试验9第3号点基频为2.305Hz(工况:跳车)

图 6-15　跳车加速度、位移时程曲线及频谱图

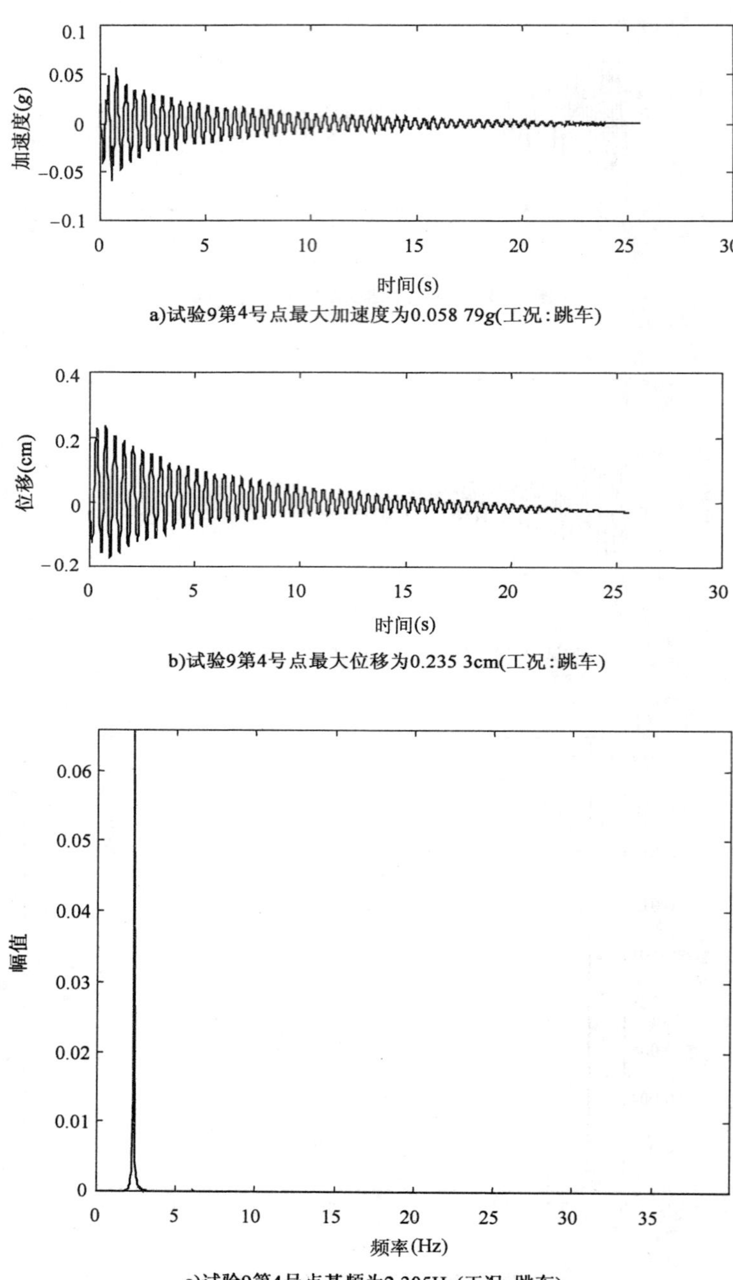

a)试验9第4号点最大加速度为0.058 79g(工况:跳车)

b)试验9第4号点最大位移为0.235 3cm(工况:跳车)

c)试验9第4号点基频为2.305Hz(工况:跳车)

图6-16　跳车加速度、位移时程曲线及频谱图

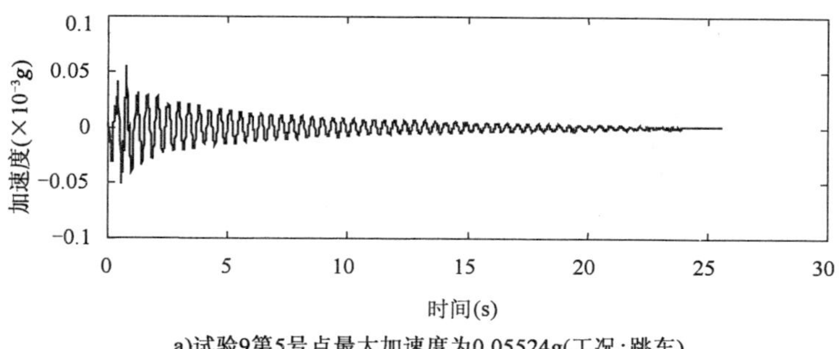

a)试验9第5号点最大加速度为0.05524g(工况:跳车)

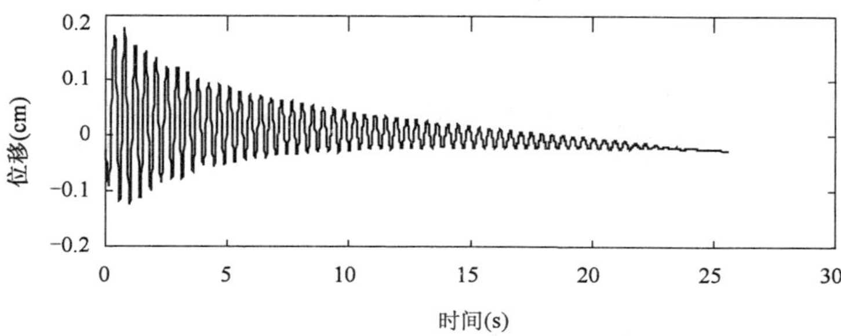

b)试验9第5号点最大位移为0.1937cm(工况:跳车)

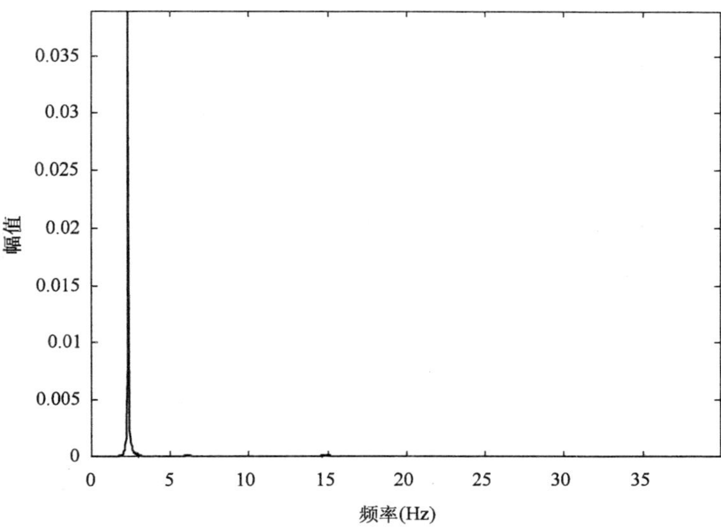

c)试验9第5号点基频为2.305Hz(工况:跳车)

图 6-17　跳车加速度、位移时程曲线及频谱图

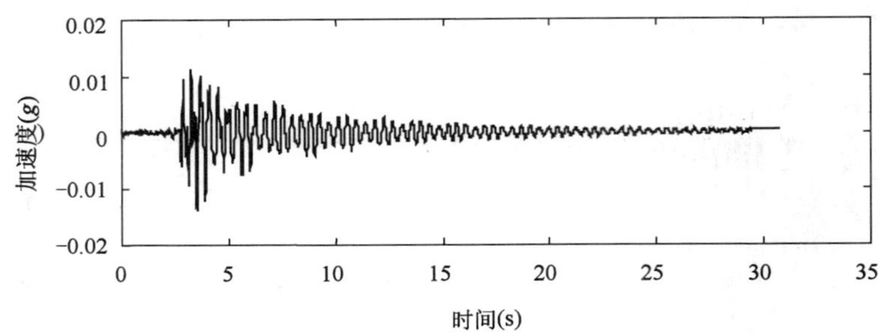

a)试验10第1号点最大加速度为0.013 73g(工况:跳车)

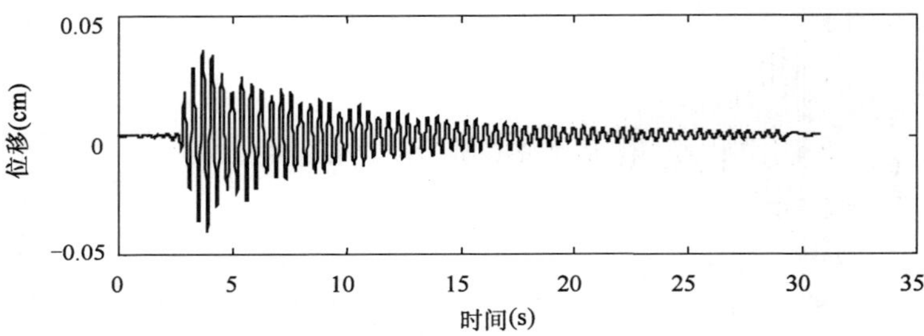

b)试验10第1号点最大位移为0.040 31cm(工况:跳车)

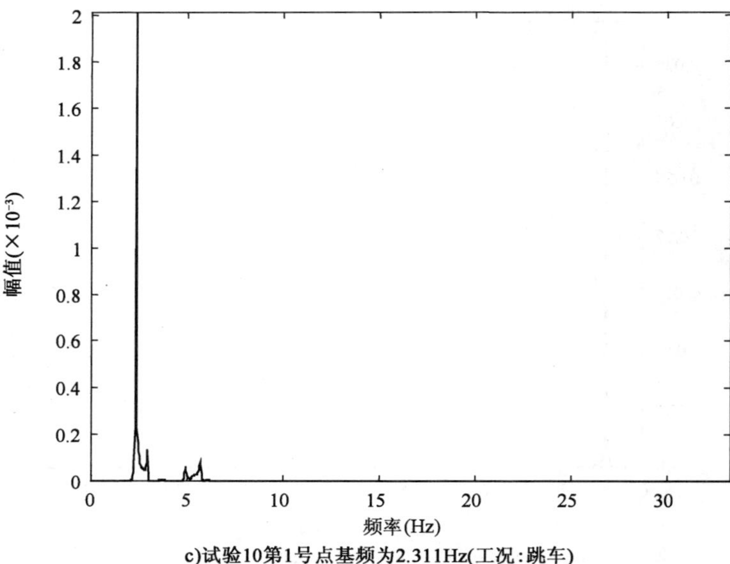

c)试验10第1号点基频为2.311Hz(工况:跳车)

图 6-18 跳车加速度、位移时程曲线及频谱图

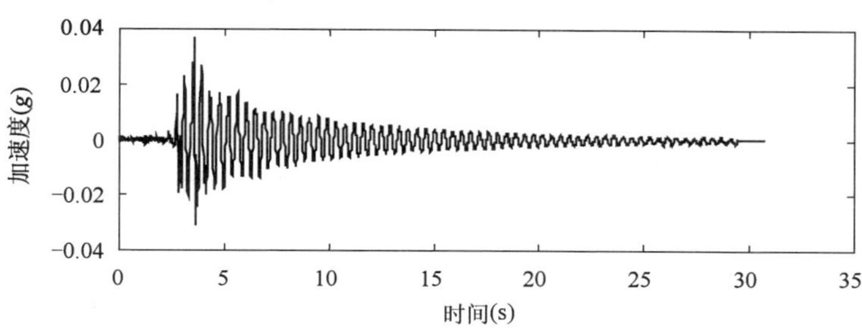

a)试验10第3号点最大加速度为0.037 19g(工况:跳车)

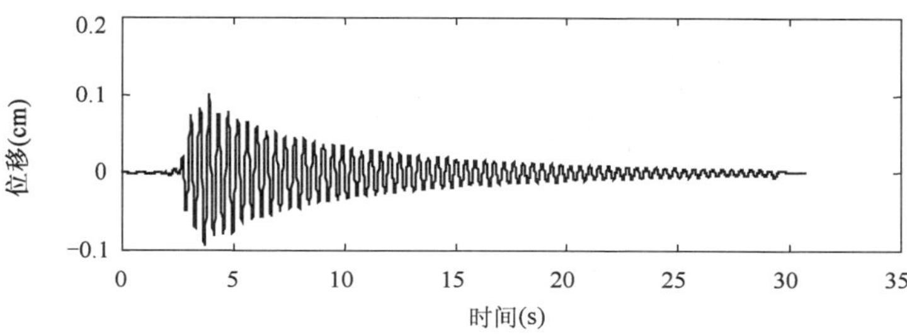

b)试验10第3号点最大位移为0.101 5cm(工况:跳车)

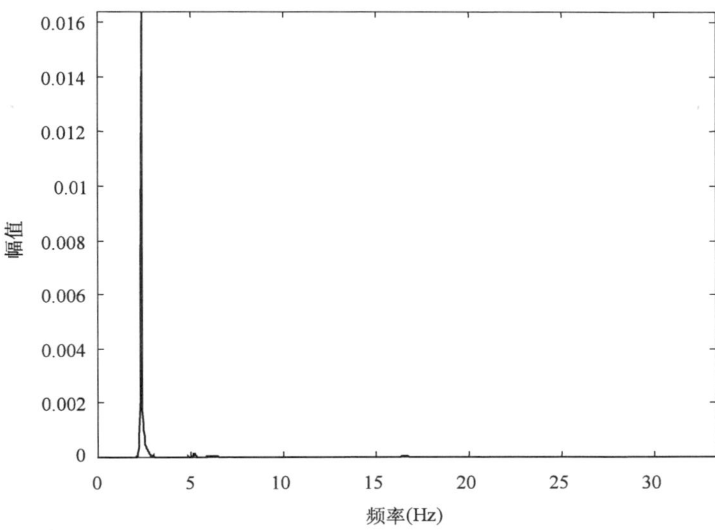

c)试验10第3号点基频为2.311Hz(工况:跳车)

图 6-19　跳车加速度、位移时程曲线及频谱图

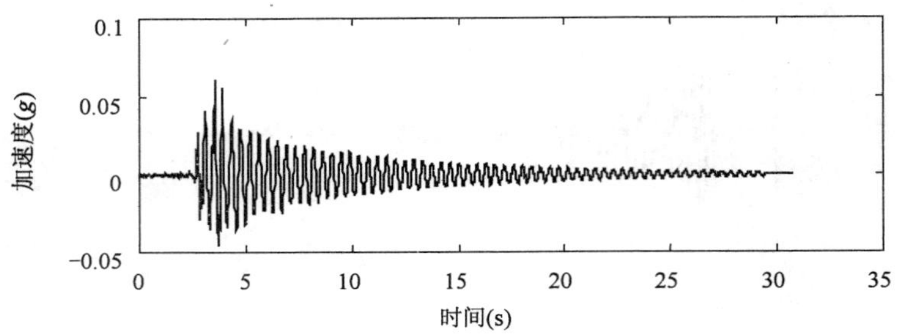

a)试验10第3号点最大加速度为0.061 38g(工况：跳车)

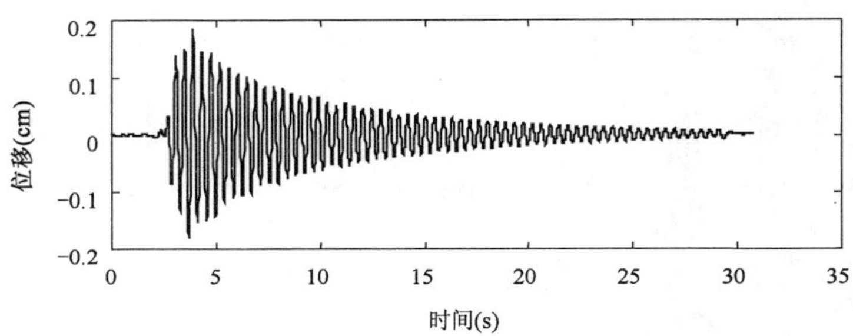

b)试验10第4号点最大位移为0.187 2g(工况：跳车)

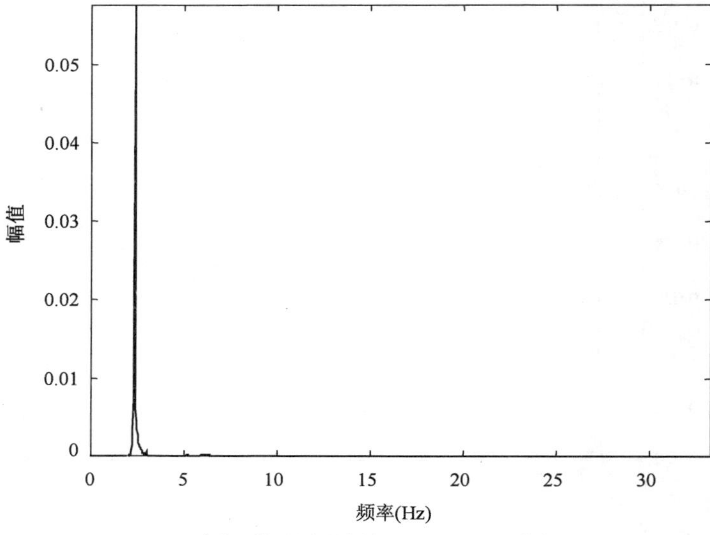

c)试验10第4号点基频为2.311Hz(工况：跳车)

图6-20 跳车加速度、位移时程曲线及频谱图

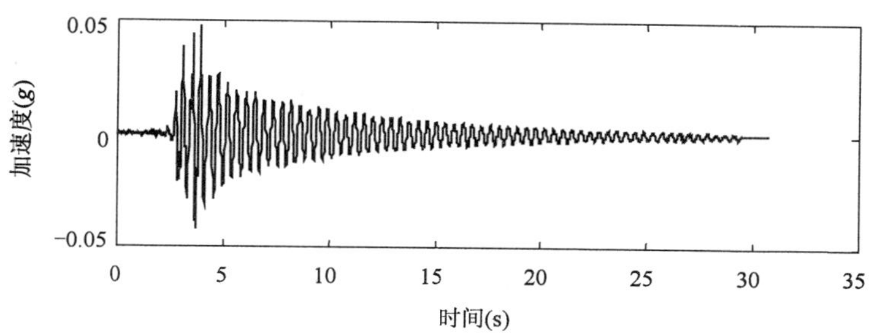

a)试验10第5号点最大加速度为0.047 81g(工况:跳车)

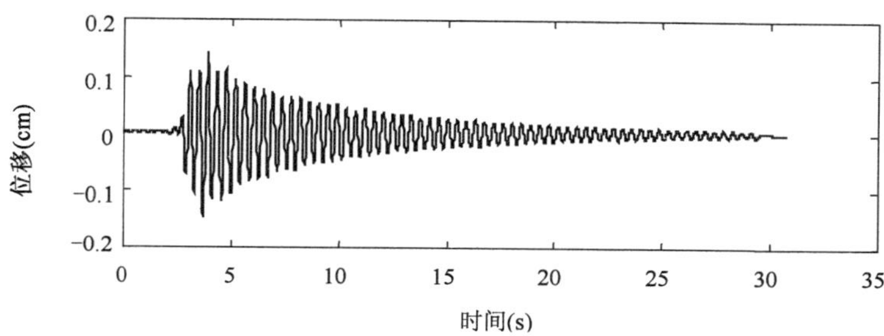

b)试验10第5号点最大位移为0.147 3cm(工况:跳车)

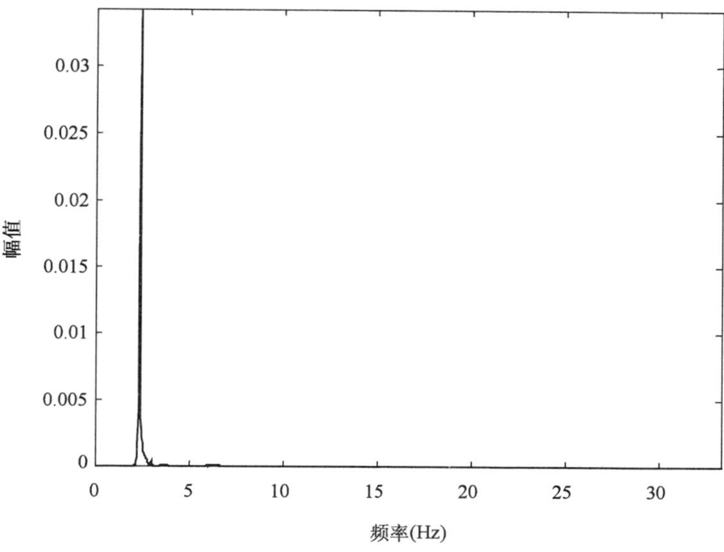

c)试验10第5号点基频为2.311Hz(工况:跳车)

图 6-21　跳车加速度、位移时程曲线及频谱图

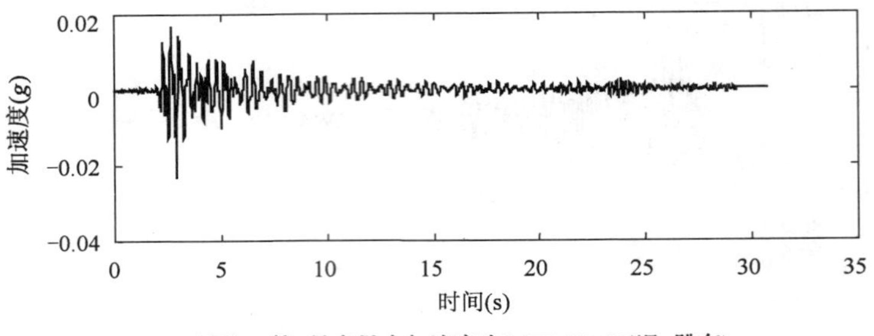

a)试验11第1号点最大加速度为0.023 39g(工况:跳车)

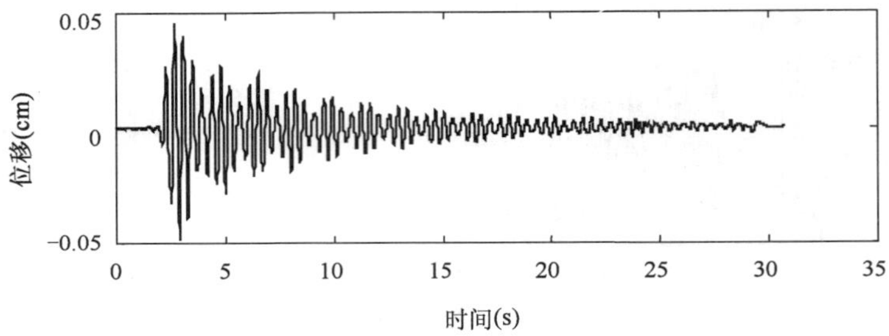

b)试验11第1号点最大位移为0.048 37cm(工况:跳车)

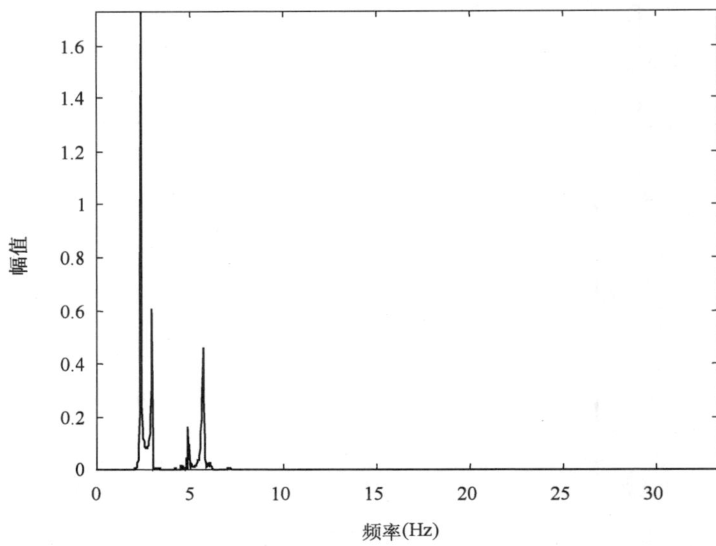

c)试验11第1号点基频为2.311Hz(工况:跳车)

图 6-22 跳车加速度、位移时程曲线及频谱图

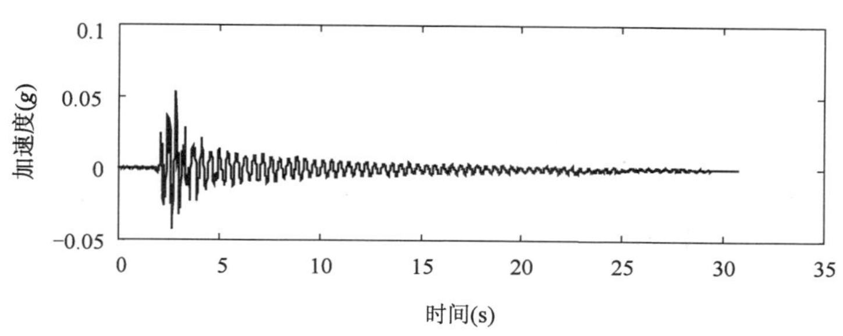

a)试验11第3号点最大加速度为0.053 87g(工况:跳车)

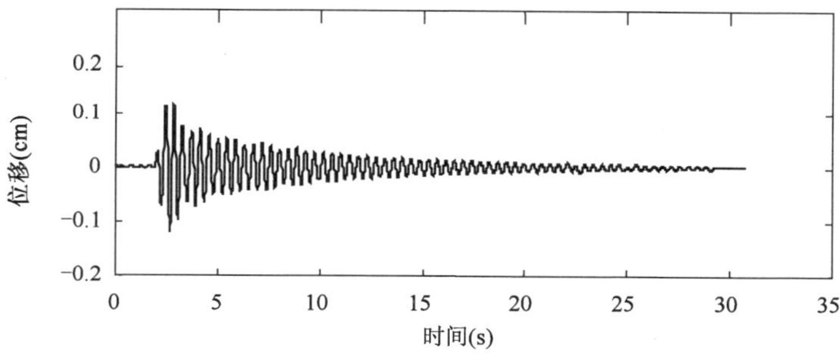

b)试验11第3号点最大位移为0.118 5cm(工况:跳车)

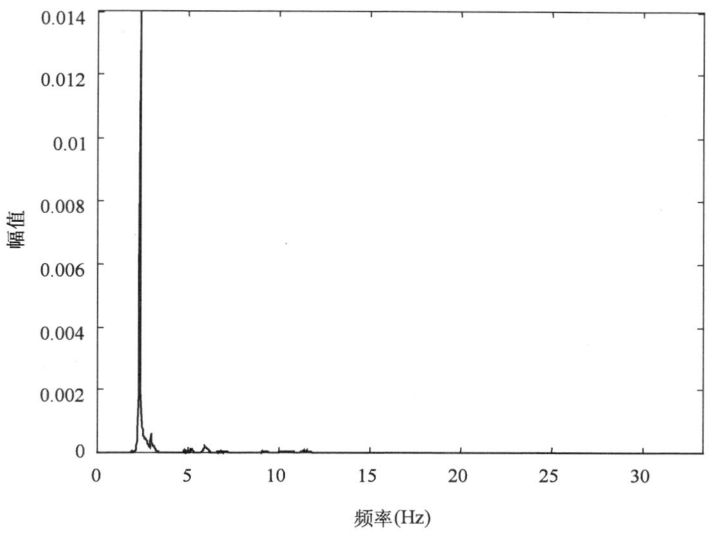

c)试验11第3号点基频为2.311Hz(工况:跳车)

图6-23　跳车加速度、位移时程曲线及频谱图

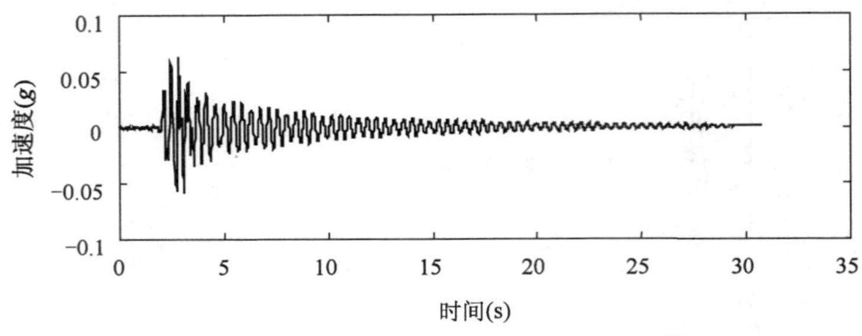

a)试验11第4号点最大加速度为0.062 95g(工况:跳车)

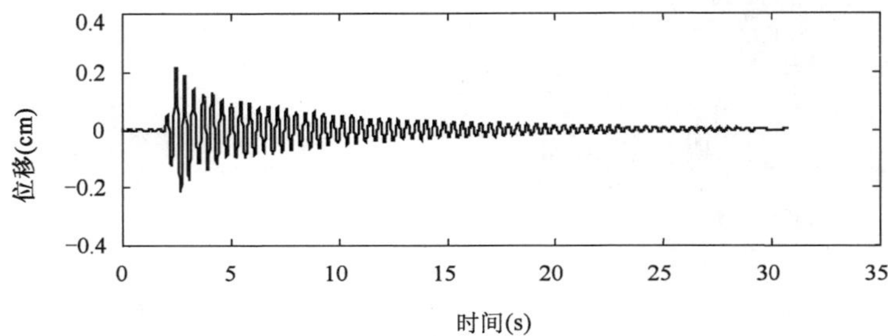

b)试验11第4号点最大位移为0.216 8cm(工况:跳车)

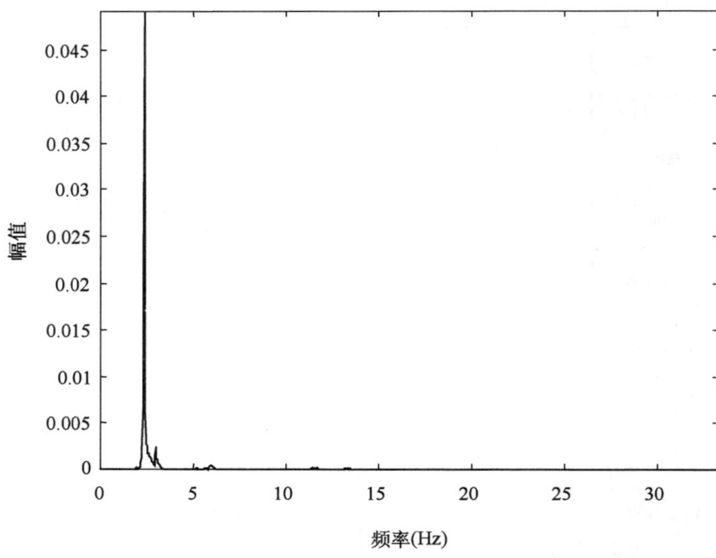

c)试验11第4号点基频为2.311Hz(工况:跳车)

图6-24 跳车加速度、位移时程曲线及频谱图

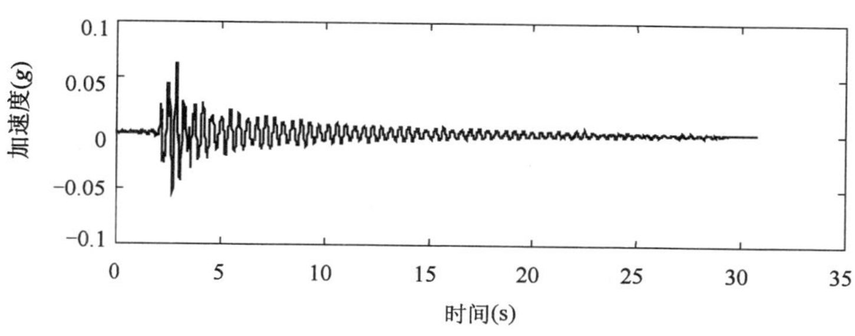

a)试验11第5号点最大加速度为0.062 78g(工况:跳车)

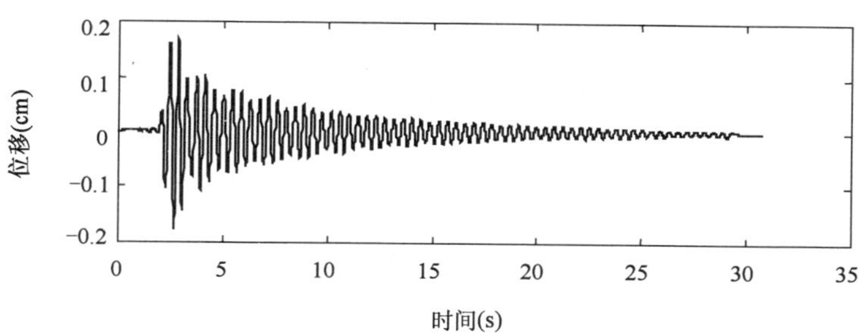

b)试验11第5号点最大位移为0.176 3cm(工况:跳车)

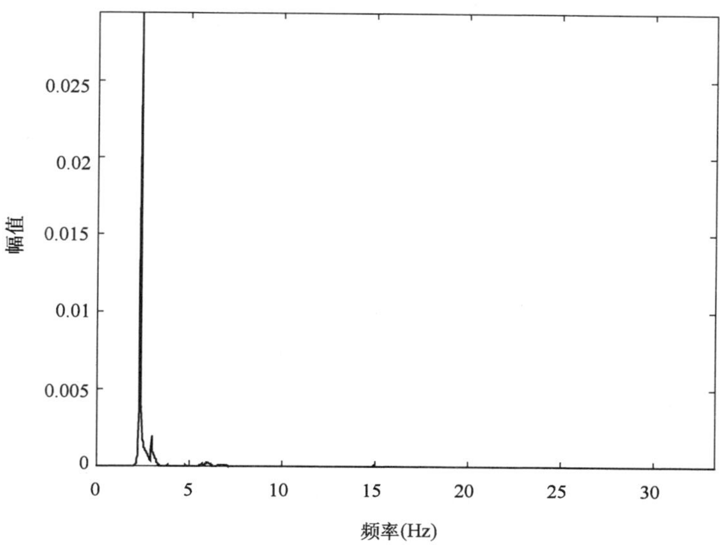

c)试验11第5号点基频为2.311Hz(工况:跳车)

图 6-25　跳车加速度、位移时程曲线及频谱图

第 7 章　典型立交桥梁动力响应分析及振动控制

分析复杂立交桥梁的互动关键效应，重点在于深入分析复杂立交桥梁中汽车与桥梁结构抽象的时变系统，因为影响汽车—桥梁时变系统的动力响应的因素很多，而且车辆在立交桥梁结构中的动力响应是一个多目标多参数系统，还需要对分析的问题进行优化。本章应用有限元程序进行某立交桥梁的动力响应参数分析，主要研究车辆、桥梁参数对该车辆—桥梁耦合系统的动力响应的影响。在分析某一参数对系统动力响应的影响时，假定其余参数不变，这样可以得到动力响应与参数的关系曲线。通过分析得到的参数影响规律，可以为立交桥梁的日常运营管理提供参考依据。

7.1　桥梁动力响应参数分析模型

对某立交桥动力响应参数进行分析时，采用有限元程序进行模型构建，桥梁模型单元划分示意图如图 7-1 所示。

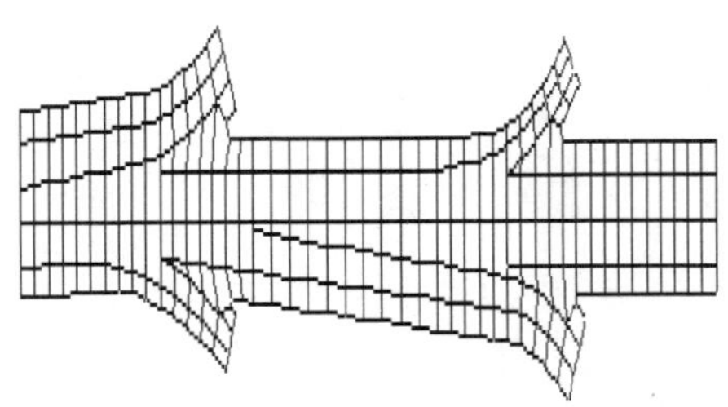

图 7-1　某复杂立交桥梁结构动力响应有限元模型

7.2　桥梁动力响应参数分析车辆模型

动力响应参数分析车辆模型采用自由度空间模型，在动力响应参数研究中，针对不同的研究参数对象，仅仅改变车辆模型的某一参数的取值，保持其余参数值不变。

7.3 桥梁动力响应参数分析

桥梁作为结构主体，其动力响应对结构的运营状态将产生重要影响，如过大的振动幅度不仅会影响行人、车辆的安全和舒适度，而且对桥梁的健康会产生破坏。研究车辆及桥梁相关参数对桥梁动力响应的影响具有积极意义。本章以复杂立交桥梁主线高架桥梁跨中动位移、加速度及相应的冲击系数为研究对象，进行桥梁动力响应参数分析。

7.3.1 车辆参数对桥梁动力响应的影响

车辆作为桥梁上的外荷载施加者，对桥梁产生的激励作用大小由多方面因素决定。其参数主要有：行驶速度、车辆载质量、行车间距、车道数等。在这里，我们通过讨论这些因素的变化，得出车辆参数对桥梁结构的动力响应影响规律，其目的是为深入分析复杂立交桥梁结构的互动关键效应提供理论依据。

（1）行驶速度的影响

分别采用40km/h、60km/h、80km/h、100km/h共4种行驶速度对桥梁动力响应的影响进行计算分析。在桥面上均匀布置4辆载货汽车，车辆荷载为20t，单车道同向行驶，车头间距为15m。桥面平顺性及车辆等相关计算参数按照相关规范选取。

由分析结果可知，主线桥梁边跨跨中的竖向动位移、加速度峰值及冲击系数随着行驶速度的增大而单调增大，边跨跨中和次边跨跨中动位移分别从2.65mm、1.23mm增加到了2.76mm、1.51mm，加速度峰值分别从$-2.89\mathrm{cm/s^2}$、$0.82\mathrm{cm/s^2}$增加到了$-8.725\mathrm{cm/s^2}$、$8.037\mathrm{cm/s^2}$，次边跨跨中冲击系数从0.104增大到了0.182。因此，在立交桥梁上行车时，在确保不低于限速要求的前提下应尽量慢速行驶，这样不仅有利于行车安全，而且可以提高行车的舒适度。

（2）车辆载质量的影响

车辆载质量是影响车辆对桥梁动力激励作用的重要因素，测试时分别采用15t、20t、25t、30t共4种载质量进行计算分析。使车辆单车道同向行驶，行车间距为15m，行驶速度为60km/h，桥面不平顺及车辆参数取值同前面所述。

由分析可知，随着车辆载质量的增加，桥梁主桥边跨、次边跨跨中的竖向动位移、加速度峰值及冲击系数单调增大，边跨跨中和次边跨跨中动位移分别从1.98mm、1.017mm增加到了3.236mm、1.722mm，加速度峰值分别从$-2.512\mathrm{cm/s^2}$、$-0.788\mathrm{cm/s^2}$增加到了$-1.420\mathrm{cm/s^2}$、$-1.722\mathrm{cm/s^2}$，次边跨跨中冲击系数从0.078增大到了0.132。由以上可知，在桥梁的日常运营管理中应严格控制车辆超载运营。

(3)行车间距的影响

车辆行车间距不仅与安全行车密切相关,而且会对桥梁耦合系统的动力响应产生重要影响。测试时分别采用行车间距为10m、20m、30m、40m共4种行车间距进行计算分析,使4辆车单车道同向行驶,行车速度为60km/h,桥面不平整,根据规范要求,车体质量取20t,车辆的其他参数同前所述。

由分析可知,随着行车间距的增大,桥梁主线高架桥边跨、次边跨跨中的竖向动位移、加速度峰值及冲击系数单调递减。边跨跨中和次边跨跨中动位移分别从3.281mm、2.398mm减小到了1.895mm、1.049mm,加速度峰值分别从$-2\ 701\text{cm/s}^2$、-0.701cm/s^2减小到了-2.128cm/s^2、-0.698cm/s^2,次边跨跨中冲击系数从0.121减小到了0.048。由此可知,在桥梁的日常运营管理中,应在满足行车流量的情况下尽量扩大行车间距,这不仅对桥梁减振有利,同时也对行车安全有利。

(4)车道数的影响

桥梁设计车道数目通常是根据行车流量的要求确定。城市高架桥梁通常车流量较大,设置的车道数也较多。同时,对汽车—桥梁耦合系统进行动力响应分析时,车道数也是不可忽略的影响因素。鉴于立交桥梁多为双向四车道设计,本书分别采用单车道同向行驶,两车道同向行驶,两车道同向行驶和一车道相向行驶,两车道同向行驶+两车道相向行驶共4种行车方式进行计算分析。单车道车辆数为4辆,行车间距为15m,行车速度为60km/h,采用前述不平顺参数,车体质量取为20t。由分析可知,随着行车车道数的增加,立交桥梁边跨、次边跨跨中的竖向动位移、加速度峰值及冲击系数是逐渐增大的,边跨跨中和次边跨跨中动位移分别从2.464mm、1.218mm增加到了4.981mm、5.512mm,加速度峰值分别从-3.322cm/s^2、$-1\ 321\text{cm/s}^2$增加到了10.421cm/s^2、-5.812cm/s^2,次边跨跨中冲击系数从0.112增大到了0.152。

7.3.2 桥面平顺性对桥梁动力响应的影响

桥面平顺性作为汽车—桥梁耦合系统——纵向振动的初始振动源,对汽车—桥梁耦合系统的动力响应有着十分重要的影响。我们可以采用桥面振动源振动函数的幅值来定义桥面的平顺性工况,显然,振动函数的幅值越大,桥面的平顺工况就越不理想。在此基础上,计算车辆数目为4辆,单车道同向行驶通过主线高架桥时,对边跨跨中、次边跨跨中的竖向最大动位移、加速度时程曲线进行对比分析。行车间距为15m,行车速度为60km/h,车体质量取20t,其余车辆参数同前。

由试验分析可知,随着桥面不平顺性的增大,主线高架桥边跨、次边跨跨中的竖向动位移、加速度峰值及冲击系数随之增大,边跨跨中和次边跨跨中动位移分别从 2.512mm、1.238mm 增加到了 2.589mm、1.398mm,加速度峰值分别从 $-3.323\mathrm{cm/s^2}$、$-1.191\mathrm{cm/s^2}$增加到了 $-4.211\mathrm{cm/s^2}$、$-1.982\mathrm{cm/s^2}$,次边跨跨中冲击系数从 0.112 增大到了 0.172。因此在桥梁施工时,应尽量减小桥面的粗糙度,同时在日常养护管理中应加强桥面养护。

采用有限元程序分析行车速度、载质量、行车间距、车道数等与车辆相关参数以及桥面不平顺性对高架桥桥梁结构和车辆动力响应的影响,得出的相关结论可为桥梁的日常运营管理提供参考借鉴。

7.4　桥梁振动控制及防塌措施

随着土木工程技术和建筑材料的发展,桥梁设计有趋向结构轻型、跨度大等特点,尤其是复杂立交桥梁在动力荷载特别是移动荷载作用下,易产生大的变形和振动。由于过大的变形和振动容易增大桥梁的内部应力,降低其耐久性,为此,国内外很多学者对桥梁在外荷载作用下的振动抑制进行了广泛的研究。工程减振技术主要分为附加质量型和附加阻尼型。附加质量型主要有调谐质量阻尼器(TMD)、多重调谐质量阻尼器(MTMD)、调谐液体阻尼器(TLD)、调谐液柱阻尼器(TLCD)及冲击式阻尼器(ID、PID)等;附加阻尼型有利用材料塑性变形耗能的铅芯阻尼器(LD)、利用油阻尼或黏性阻尼耗能的油阻尼器(OD)、黏性剪切阻尼器(VSD)和磁流变阻尼器(MR)等。在振动控制方面又可以分成被动控制、主动控制和混合控制。以下对桥梁减振中的几种阻尼减振技术及其原理作简要介绍,并对上述减振技术在桥梁减振中的应用进行分析论述。

7.4.1　桥梁振动控制技术

通常情况下,桥梁振动控制措施有被动控制、主动控制和混合控制三种。

1)被动控制

摩擦阻尼器通过摩擦装置滑动做功,消耗能量,这是在桥梁中最早大规模实施的振动控制技术。日本首次在桥梁结构中采用 TMD 是在 1985 年竣工的名港西斜拉桥索塔的施工过程中用来控制涡激振动。1985 年建成的日本某桥为倒 Y 形独塔单索面斜拉桥,在施工长达 90m 的悬臂时,安装了 TMD,效果明显。后来,日本的关西机场斜拉桥主梁、东京港悬索桥索塔和横滨海湾桥索塔也应用了 TMD 进行控制。我国九江长江大桥上用 TMD 来抑制吊杆的涡激振动,还研究了利用TMD来控制汕头海湾斜拉桥(主跨452m)、珠海淇澳斜拉桥(主跨320m)的风振。TMD的质量不宜过大,因为过大的质量势必对桥梁的静力强度不利,而且可能降低桥梁固有频率,反而使桥梁振动增大,因此,一般TMD的质量应控制在桥梁受控模态质量的1%以内,则可以忽略上面两种不利影响。

黏性阻尼器是利用材料的黏弹性来瞬时改变结构的能量储备与瞬时耗散能量。1985年,日本某悬索桥的索塔施工中,采用了阻尼控制方式,即将滑车改为油压减振器。法国的诺曼底斜拉桥、日本多多罗斜拉桥、名港西斜拉桥均采用钢丝绳阻尼器来控制拉索振动。这3座桥所采用的钢丝绳索与主梁的夹角从0°~90°都有,何种角度最优,值得进一步研究。

以上两种装置的体积较大。

调谐质量阻尼器(TMD),即在主结构上附加一个由质量块、弹簧、阻尼组成的子振动系统,主系统发生振动时,通过参数设计,将主结构的振动转移到子系统中,使主系统振动衰减。TMD最先用于桥梁结构是1973年Chasteau将其用于一座步行桥的制振,后来美国阿拉斯加的SitkaHarber桥、苏格兰Kessook斜拉桥主梁以及泰国的DaoKhanong斜拉桥主梁都应用了TMD。主跨为856m的法国诺曼底斜拉桥在最大双悬臂施工中采用多重调谐质量阻尼器(MTMD)OTMD往往只针对桥梁的某阶振型进行振动控制,对于频率偏离最优频率比稍远的模态,TMD的抑制效果会显著降低,尤其对于模态密集的大跨度桥梁。例如1976年建成的英国Humber桥,频率在0.063~0.816Hz范围内模态高达40阶,这很难用单一频率的TMD对其振动进行有效的控制,而且风谱的能量大都集中在低频范围内,不可能仅仅有某阶模态的能量远远大于其他阶模态而占主导地位,因此,不可能仅对某一阶模态进行控制,因而有必要研究如何提高TMD的抑制范围。我国研究了利用MTMD控制上海南浦斜拉桥(主跨423m)、杨浦斜拉桥(主跨602m)的风振。

调谐液体阻尼器(TLD)利用水槽中浅水层的波浪效应来消耗振动能量,控制桥梁的振动反应。研究发现,抑制桥梁横向抖振时,TLD比TMD的效果要好。调谐液体柱式阻尼器(TLCD)利用液体在水管(柱)中的流动来达到减振的目的。日本某斜拉桥的索塔采用了该方式减振。

柔性抗震支座的基本思想是基于将桥梁与墩台阻隔,以大幅度地减小由于墩台振动的传递作用而导致的桥梁振动。其又可分为以下两类:

(1)叠层高阻尼橡胶支座。高阻尼橡胶是在橡胶材料中加入石墨,以提高阻尼。根据石墨加入量的多少,可以调整阻尼大小。这类支座充分利用了高阻尼橡胶的黏弹性耗能特性,具有良好的使用性和养护性,在多跨连续梁中采用这种支座可将地震力向各个桥墩分散,因而有可能实现超过500m或10 000m的多跨连续梁桥。1992年日本制造出承载力为5 000kN的此类支座;我国唐家祥也设计制造了承载力为10 000kN的该类支座,并系统地研究了该类支座的耐久性、非线性等相关问题。

(2)铅芯叠层橡胶支座。充分利用橡胶的黏弹性及铅独特的塑性耗能特性,其滞回性能稳定,耗能效果显著。该类支座最早是由新西兰在20世纪70年代开发研制的,它是将橡胶硫化,使其与钢板逐层粘接并在中心压入铅芯而成,中心孔与铅芯以1%的过盈配合使两者成为一体。当有一定的竖向荷载作用时,进一步促进了铅芯、钢板、橡胶的一体化;而当支座受到水平地震力的作用时,则会在铅芯的全长范围内产生同等的应变。

2)主动控制

主动控制技术用于土木工程结构始于20世纪60年代后期。结构主动控制领域的先驱是加拿大滑铁卢大学的Leipholz教授、美国得克萨斯A&M大学的Yao教授。近年来,设在纽约州立大学布法罗分校的美国地震工程中心的Soong教授和Yang教授在土木结构物的振动控制领域的理论和试验研究、应用方面做了大量工作,代表了国际最高水平。在日本,建设公司和重工公司集科研、技术开发、应用推广为一体,能够迅速吸收国际上的先进理论和技术,并及时地投入实际工程应用,这一点值得我国借鉴。目前各国已研究出多种不同的主动控制方法,包括:最优反馈控制、次最优反馈控制、独立模态空间控制、瞬时最优控制、有界状态控制、预测控制、模糊控制。主动控制与被动控制相比有以下优点:

(1)反馈控制力可直接作用于结构物,无TMD的滞后现象,具有较高的控制性能。

(2)即使桥梁结构的固有频率发生变化,只需调整控制软件参数,比被动控制需调整设备要简单。

(3)TMD只能控制一阶振型,而主动控制能控制二阶乃至更高的振型。

(4)系统本身的摩擦系数小,对微小振动控制效果好。

当然,主动控制需对传感器进行系统监控和系统维护,以保证其正常工作。桥梁主动控制设施是以确保索塔、架桥机和振动影响下作业的安全为设计原则,是在综合调整与作业相关的作业项目、与工期和控制装置相关的成本费用等问题的基础上,来设计控制系统的。控制设备安装完毕后,通过振动试验和动态观测来进行控制系统的可靠性和有效性的检定试验。

随着桥梁索塔施工技术的发展,主动质量阻尼器相应增加,其固有频率也在改变。因此,施工过程中就要相应地移动 TMD 的设置位置,并调整其固有频率。相对而言,主动控制方式的性能较高,它不仅可进一步实现小型化,同时也具有只需改变控制程序,即可根据索塔的固有频率作出相应调整的优点。另外,有时风载可能会激起索塔的二阶以上(含二阶)的振型。与 TMD 只能衰减一阶振型的特性相反,主动控制方式从机理上能够实现由一台设备衰减二阶以上振型。桥梁竣工后,索塔的动态特性多是由激振试验来进行检定,而主动控制系统恰好可作为激振器,这是主动控制方式的另一个优点。

主动质量激发器是指不采用重锤,而直接由外部能源提供控制力的装置。该方式与主动质量阻尼器相比,控制性能有时较差,但也正是因为其没有设置重锤,而具有较易控制的优点。

1971 年 Murata 等学者提出了用陀螺稳定器减小悬索桥风振的设想。该方式是在索塔的顶部设置陀螺仪,并对旋转产生的力矩实施主动控制来控制索塔的弯曲变形。1991 年日本的山田也进行了主动陀螺稳定器的作用理论分析与试验研究。

脉冲发生器通过脉冲所产生的反力来控制桥梁振动,脉冲可以由释放压缩空气(气体脉冲发生器)或由液压式、电磁式作动筒产生。该方式既可控制桥梁的线性振动,也可控制其非线性振动。它可以降低各种类型的外界扰动响应。

主动支座设置于中小跨度桥梁梁体与墩台之间,以用作主动质量激发器,它是对构件的轴向施加作用力,用电磁阀来控制减振器的三级切换,从而改善系统的性能,有效地控制移动荷载或者地震时桥梁的振动。若用单自由度模型在振动台上模拟地震波的激振试验,可以取得良好的防振效果。该方式的优点在于可方便地安装在既有桥梁上,且作动筒的行程不大。日本在一座高架桥行车振动控制中采用了主动支座,当一般车辆经过时,桥墩的纵向加速度幅值减小了一半。日本的川岛等人研究了用该方式来控制公路桥梁的地震响应。但是这种方式会引起地震时梁体纵向位移增大,从而可能使桥梁伸缩缝顶死。

3)混合控制

混合控制是为了进一步减小振动幅值,引入主动阻尼(控制力)和被动阻尼(被动控制力)。应用表明,用主动控制与被动控制的组合方式共同控制桥梁振动,效果良好。

总之,无论从理论、试验研究还是现有的工程实例来看,振动控制技术在桥梁工程中的应用十分广泛。振动控制主要应用于大跨径悬索桥、斜拉桥等特大桥梁。长期以来,随着复杂立交桥梁修建数量的日渐增多,超载现象非常突出,在立交桥梁中由振动破坏引起的安全事故也时有发生,因而必须尽可能地开发和利用既有桥梁振动控制技术。通过对桥梁结构振动控制技术的文献研读,结合复杂立交桥梁的结构特点和受力性能,笔者认为,复杂立交桥梁的振动控制技术及其发展方向有三:其一,开发新型智能材料控制系统(如SMA—橡胶隔振智能主动控制支座等);其二,为使振动控制系统被认为是桥梁不可分割的一部分,从设计理念上获得等同于钢材、混凝土的地位,把复杂立交桥梁结构振动控制融入桥梁结构设计本身,还需要在学术导向和规范的调整上做大量的工作;其三,构建适合复杂立交桥梁振动控制的优化组合控制系统,注重控制装置的耐久性、经济性和稳定性及非线性振动控制特点。

7.4.2 立交桥梁防塌措施

根据复杂立交桥梁的结构特点和受力行为可以发现,复杂立交桥梁的垮塌很多情况下是多数原因造成的,一旦某一原因占主导因素,就会导致垮塌事故发生。因此,预防复杂立交桥梁倒塌是一项系统工程,它要求桥梁工程参与者通力合作,任何环节出现差错都会导致事故发生。针对复杂立交桥梁的结构特点及使用性能,预防复杂立交桥梁垮塌应注意以下几方面的问题:

(1)建立预防性事故发生的长效机制。减少事故的最可靠方法就是预防,防患于未然。具体做法是:首先,管理层要树立安全意识,严格监管;其次要形成稳定科学的制度管理,出台细则,减少制度漏洞,在安全与投资、工期发生矛盾时,始终坚持安全生产第一的原则;第三是设计、施工、养护等部门要抓好安全培训教育,提高人员的安全生产意识,树立安全是桥梁建设管理的生命线的观念,提高人员素质,坚持质量为本。

(2)建立科学的桥梁风险评估体系。科学的风险评价要逐渐从以往单一方面的风险评价过渡到全方位的贯穿于整个工程规划、设计、施工、运营各个阶段的风险评价。进行风险评价要注意基础资料的收集,建立相关数据库,总结和研究现有资料,采用科学、客观的评价方法。现在很多建设单位对评估只是走过场,拿到评估报告就好,该评估报告是否合理和有价值,没有第三方对评估报告进行评估,所以很多评估只是为了申报立项而评估,实际是没有价值的。因此,应加强对重点桥梁工程的施工监控,全面进行结构健康检测,制订科学合理的事故应急方案,落实具体的措施。全面大量检查现役复杂立交桥梁的安全状况,根据实际情况评定其等级,严格执行关于各类复杂立交桥梁养护措施的规定。

(3)加强设计、理论、科研工作,及时修订规范。随着经济的发展,交通工具的数量、载质量等的迅猛发展，老版规范已经不再满足新的需求，这就涉及规范的修订，而规范的修订是建立在实践经验和科学研究的基础上，因此要重视生产实践中经验教训的总结和新的设计理论的改进、事故理念的研究，缩短规范的修订周期，力求使规范反映最新的科研成果。我国规范至今尚无有关桥梁寿命的规定，无法进行全寿命设计。我国还缺乏专门的桥梁动力破坏相关规范，也没有复杂立交桥梁振动规范等，这就要求细化规范，加强规范的制定工作。

第8章　弯曲宽箱梁的剪力滞效应

互通立交桥梁中肯定会采用弯曲桥梁，它是连接各个交通部分的主要方式，扮演着非常重要的角色。根据对现有已建成弯桥的调查发现，现有的弯桥设计技术在力学行为分析方面尚欠成熟，弯桥设计技术跟不上弯桥发展的步伐，施工工法的滞后使得预应力混凝土弯桥结构上部过于厚实且在运营过程中极易开裂，给弯桥后期养护造成了一定的难度。在城市交通需求量不断增加的同时，人们对弯桥的美学要求也随之提高。与此同时，随着桥梁预应力技术的日益成熟，预应力技术越来越广泛地运用到各式各样的结构中。如今的弯桥在满足城市交通发展的前提下，还要迎合人们日益提高的审美观念。因此“以直代弯”的桥梁模拟简化形式已经不能满足目前桥梁的美学与经济性需求。

相较直线梁的受力性能，弯梁的空间力学特性较为复杂，而弯曲宽箱梁的受力性能则更为复杂。特别是当半径较小时，弯桥在承受一定的弯矩和剪力的同时，在自重、预应力荷载以及活载的共同作用下，结构会产生较大的扭矩，并发生扭转变形。此外，不同的支承方式对弯桥的上下部结构的内力均会产生较大的影响。在弯桥常见的支承形式中，通常会采取桥台两点支承，桥梁墩柱单点或双点支承形式。通过对国内外已建成弯桥的研究分析发现，弯桥结构在施工过程和以后的运营环境下会出现若干病害，如曲线内弧处支座脱空、弯桥梁体向曲线外侧径向发生结构整体侧移、弯曲箱梁桥腹板开裂等现象，这些病害都会影响到弯桥在运营过程中的受力性能和安全使用。造成这些问题的因素是多种多样的，归根到底是在弯桥尤其是弯曲宽箱梁桥的设计中存在认知不足的现象。

同时，预应力混凝土连续箱梁因其具备较大的横向扭转刚度、较小的变形、流畅的线形、简单的施工工艺和较为合理的经济技术指标，已经在桥梁结构中广泛应用。目前，为了减轻大跨度连续梁桥重量，方便施工，通常选择长悬臂式箱形截面。随着城市交通需求的不断增加，越来越多的城市立交桥梁也开始采用长悬臂箱梁或宽箱梁截面形式。宽箱梁结构空间力学行为通常表现出更大的空间变形和受力优越性，普通的设计理论和方法已经不能精确地计算出箱梁真正的应力分布，这对防止箱梁腹板开裂有一定的负面影响。因此，从宽箱梁设计理论和方法,横向内力分布和影响,以及预应力钢束配置等方面计算与论证意义很大。

8.1 弯桥理论

从平面线形可以看出,弯梁一般处于平面曲线或空间曲线上,也有位于缓和曲线以及同向圆或反向圆交接的曲线上等情况,因为弯梁设计和选型需要考虑结构的桥跨布设以及桥下建筑物影响。所以,弯桥可分为扇面形状弯梁和斜交弯梁布置。因为扇面形状弯梁受力较斜交简单,所以,在设计时一般选择扇面形状,如图 8-1 所示。

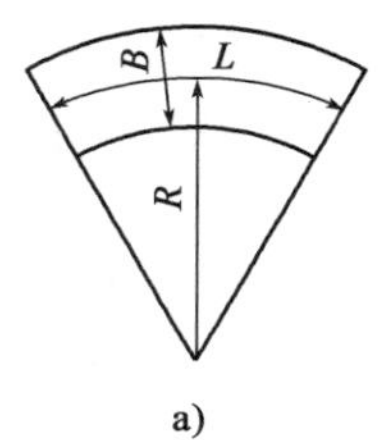

a)

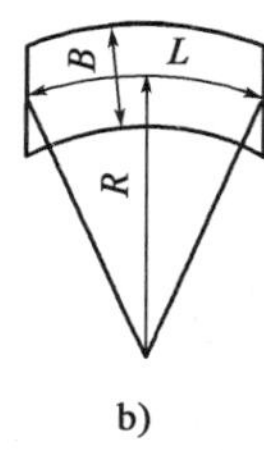

b)

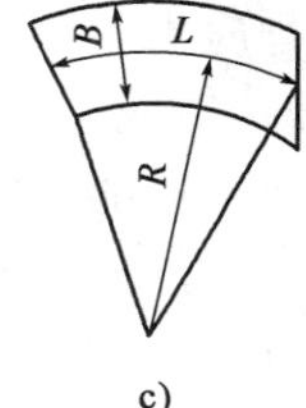

c)

图 8-1 弯梁桥平面线形

对于弯桥的力学分析,传统的分析方法一般包括解析法、半解析法、数值分析法等。

8.1.1 解析法

解析法即在先行提出的某些理论假设的基础上,结合结构力学与弹性力学的理论知识来建立方程,最终通过这些方程解出弯梁结构内力。

解析法即以截面周边不发生变形杆件的约束扭转力学性能作为研究的出发点,再结合虚功原理,最终成功建立第四种约束扭转理论,随后使该理论周边参数等于零,于是可得出针对周边不发生变形的截面约束扭转的分析方法。然而,该法存在一定的缺点:广义坐标的边界条件尚不明确;此外,截面受到的剪应力也是由虎克定律解得;再者,广义坐标法是建立在两个对称轴上且没有悬臂的箱梁截面的基础上来假设未知参数的,与实际情况有所偏差,并且方程组的计算过程较为复杂。

8.1.2 半解析法

与解析法相比,半解析法是一种实用性较高的计算方法,它是将直梁桥的空间理论分析方法扩展到对弯梁的理论解说。按照直梁桥的分析方法,可以将弯梁空间力学性能的理论分析近似等效为弯梁结构径向和环向两个方向来进行简化计算，使得工作量大大减少。国内学者对弯梁的简化运算进行了大量研究，并将直梁桥分析方法运用到弯梁桥分析中，使结构的空间计算过程在很大程度上得到了简化，如 G-M 法、梁格法等。

8.1.3 数值分析法

数值分析法有三种，包括有限条法、有限段法和有限元法。

(1)有限条法。该方法是用来分析边界比较规则的正交异性板、各向同性板和箱梁结构，它隶属于有限元法，是其派生出的一种分析方法。该方法具有分析容易、精度较高和计算量较少等特点，具有较好的通用性。

(2)有限段法，又称线状有限单元法。它的分析原理是将箱梁结构看作由一节节的单元拼接而成，再将箱形结构剪力滞效应的基本微分方程式作为切入点，最后得到单元的刚度矩阵。它同样具备简单、精度高、计算量小的特点，同时对分析变截面形式的箱梁桥剪力滞效应也有很好的适应性。此法亦是由有限元法衍生的一种半解析方法。

(3)有限元法。它建立在变分法的理论基础上，用以分析拉普拉斯方程和泊松方程所描述的各类物理场。此法作为一种高效率的计算方法广泛运用于各种领域，对于各种复杂的结构形式都有很好的适应性，能够较好地分析计算翘曲、畸变和剪力滞效应等对结构的影响。只要选择适当的模型，就可以计算出较为精确的应力分布。计算机硬件与软件的飞跃式发展，解决了有限元法大计算量的制约，在前处理和后处理的质量上都有了质的改观，因此该方法已经成为目前能够运用处理各种复杂问题的一种行之有效的数值方法。

8.2 宽弯箱梁结构的力学特性

8.2.1 弯梁的结构特点

对于弯梁而言，与直线梁的受力和变形有很大区别，弯梁的挠曲变形是在结构自身的弯矩和扭矩共同作用下引起的组合变形；同时，弯梁外弧线的挠度大于内弧线挠度。因为弯桥曲率半径对结构存在较大的影响，且在环境温度作用下，结合混凝土收缩徐变以及预应力荷载的共同作用，弯桥结构会发生有别于直线梁桥的平面内变形。如果弯桥的支承形式布置欠缺其应有的合理性，则会导致弯桥横向发生不可逆转的位移，从而引发弯桥平面内的旋转。所以采取加强弯桥结构的合理方式，有效控制弯桥的平面内各种变形，应引起弯桥设计人员的重视。

同时,受曲率半径的影响,弯桥结构的扭转变形会随弯扭刚度比的提高而越来越明显。所以,对于弯桥结构,在能够满足抗弯刚度的前提下,选择抗扭惯性矩较大的箱形截面理应可以有效改善扭转所引起的结构变形。除此之外,箱形截面本身具有材料省、自重小、抗扭刚度较大、应力分布较为合理等特点,在弯桥设计的截面选取中具有一定竞争力。弯梁的竖向弯矩值通常比相同跨径的直线梁桥更大,其主要影响因素有曲率半径、圆心角、跨径、桥宽、作用及荷载形式等。如果遵循直梁桥布置支座的原则将支座布置在弯桥结构的中轴线上或对称布置在中轴线的两侧,因为扭矩的作用,在恒载作用下,弯桥结构会产生扭转;在活载作用下,这种现象更为显著。在进行弯桥设计时,固然能够配置相当数量的抗扭钢筋,但是若不运用其他有效方式进行控制,结构中产生的较大扭转变形仍会使得弯桥结构发生破坏。据此,在弯桥支承形式的设计上选择预设支座偏心以控制弯桥结构的扭矩是经济且行之有效的措施。

弯桥结构中较大的扭矩和支座处反力的不均匀会对结构的配筋结果产生不良影响,同时还会给支座以及弯桥下部结构的设计造成技术上的困难。预设支座偏心可以有效控制弯桥结构梁端扭矩,还能够调整沿着弯桥梁长方向的扭矩峰值,同时使梁端内、外侧的支座反力尽可能相等,最终起到避免支座“脱空”的现象。弯桥结构中,内力和支反力分配不均的程度会受到各种因素的作用,其中占有一定主导地位的有弯桥曲率半径、结构的跨径分布和支承形式等。在城市中,用地面积、桥下空间或者建筑规划等方面都会限制立交匝道或者高架桥的总体布置,在这些条件的制约下,一般难以随意更改弯桥结构的曲率半径,结构的跨径组合同样不能轻易更改。所以,在弯曲箱梁结构包括弯曲宽箱梁结构中调整支座的偏心距以改善支反力分配不均的现象是行之有效的方法。但是,如果因为交通限制或者地面建筑物等特定条件不能改变支承形式或墩柱位置时,则只能采用拉力支座或者结构局部施重的途径来解决问题,但选择这些方法随之而来的则是箱体内扭矩、剪应力的提高,尤其是采用拉力支座时,由于其结构形式多变、施工工艺复杂、极易损坏等原因,在选择时需要慎重考虑。

8.2.2 弯梁的空间力学性能

与直线梁相比,弯梁在承受恒载时结构的自身受不同曲率半径的影响,梁轴线的内外侧应力不相平衡。在这种情况下,弯梁的梁体除承担一定的弯矩外还将承担一定的扭矩。因此,弯矩和扭矩的共同作用使弯梁的空间力学行为更加复杂,主要表现为以下几个方面。

(1)弯扭耦合作用

弯梁主要受力特点是弯扭耦合,即在外荷载作用下,梁截面内产生弯矩的同时伴随着产生扭矩,在产生扭矩的同时也伴随着产生相应的耦合弯矩,具有空间结构的受力特性。

根据符拉索夫的推导,圆曲线弯桥的微分方程如下:

$$\frac{EI_{\mathrm{\omega}}}{R}\omega^{IV} - \frac{EI_x + GI_{\mathrm{I}}}{R}\omega'' + EI_{\mathrm{\omega}}\varphi^{IV} - GI_{\mathrm{d}}\varphi'' + \frac{EI_x}{R^2}\varphi = m_z \tag{8-1}$$

$$\left(EI_x + \frac{EI_{\mathrm{\omega}}}{R^2}\right)\omega^{IV} - \frac{GI_{\mathrm{d}}}{R^2}\omega'' + \frac{EI_{\mathrm{\omega}}}{R}\varphi^{IV}\left(\frac{EI_x + GI_{\mathrm{d}}}{R}\right)\omega'' = q_y + \frac{\partial m_x}{\partial z} \tag{8-2}$$

$$EI_y\left(v^V + \frac{2}{R^2}v^m + \frac{1}{R^4}v'\right) = \frac{\partial q_x}{\partial z} - \frac{q_z}{R} + \frac{\partial^2 m_y}{\partial z^2} + \frac{m_y}{R^2} \tag{8-3}$$

式(8-1)与式(8-2)有两个未知位移 φ 和 ω,并且无法将其分离,必须联立求解。也就是说,弯曲与扭转变形时是耦合的。

弯桥的弯扭耦合特性表明:无论外荷载作用在桥面哪个位置,梁上弯矩总会同时出现。对于两端均有抗扭支座的弯梁,其外弧侧的支座反力一般大于内弧侧,曲线半径越小,差异越显著,甚至会使内弧侧支座出现负反力。

一般情况下,在弯梁中,由于结构中有较大的扭矩,从而会导致外梁加载,同时内梁卸载,尤其在宽桥即宽箱梁结构形式下更会增大内、外梁受力的差异。由此,会加大设计弯桥结构截面时可能遇到的困难,更有可能会在一定程度上降低弯桥截面以及构件配置钢筋的经济性。

内、外梁的支承反力在某些情况下可能会有相当大的差值。在活载作用发生偏置的情况下,内梁甚至会出现负反力的现象。当弯桥的曲率半径较小、跨径大、荷载小时,在结构的设计计算过程中更需要考虑如何控制弯桥内梁支承反力的问题,必要时应在构造上采取相应措施给予保证。

(2)平面内变形特点

与直线梁不同,弯梁受弯矩与扭矩共同作用,弯曲与扭转同时存在,结构在温度、收缩徐变、预应力、制动力、离心力、地震力及风力作用下,其平面变形必须按空间结构计算。

根据分析,弯梁的平面变形特点是曲线半径与圆心角都变,图 8-2 是两种特殊情况:a)半径变,圆心角不变;b)半径不变,圆心角变。

温度变化和混凝土收缩引起的平面位移接近于图 8-2a)的情况;预应力和混凝土徐变引起的变形接近于图 8-2b)的情况。

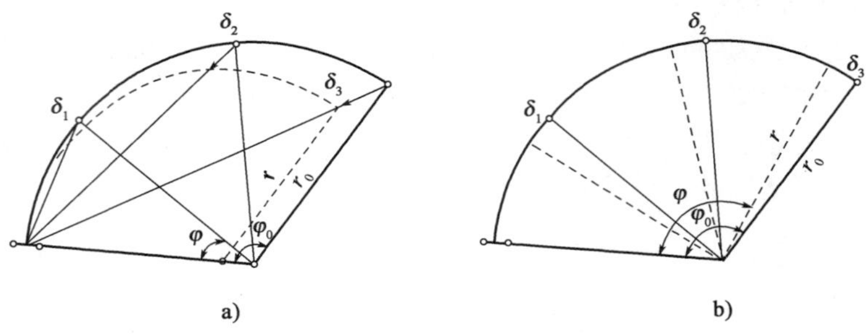

图 8-2 弯梁的平面变形特点

无论何种荷载作用下的弯梁结构平面内变形计算,首先都要确定结构不动点位置。关于结构不动点,目前通常的定义为:在桥梁结构的形心面上存在这样一个点 OO,当结构上所有质点由于外界因素(如温度、徐变等)而产生应变时,点 OO 保持不动,此点 $OO(x_0,y_0)$ 即为不动点。

不动点位置的坐标,主要取决于上部结构的几何形状、桥墩位置、支座布置方式、支座的剪切刚度等因素。在直梁桥中,不动点总是位于桥梁的中轴线上。对于弯梁,不动点则并不位于桥梁的中轴线上,而是位于上部结构的平面图形以外。分析弯梁平面变形的目的主要有两个,一是正确设置梁端的伸缩缝,二是增设弯梁在中墩处的横向限位装置。前者由于弯桥几何形状的不同,伸缩缝构造的设计必须与变形紧密相联,但实际设计中一般很难做到桥头伸缩缝的设置与位移方向完全一致,因此弯桥伸缩缝的选取一般要大于同等跨径的直桥,即按其最大位移点作为选取伸缩缝型号的依据;后者是为了对在温度、收缩徐变、预应力作用下的横向位移加以控制,如果对这种横向变形不加以控制,任其自由变形,对结构会产生不利的结果,设计者往往希望弯梁结构平面内变形总是沿着结构切线方向移动。为了达到这一目的,可以通过设置不同类型支座,如固定支座、单向支座和多向支座来实现。

注意避免为防止横向位移而盲目设置较多的固定支座或单向支座,因为对于桥墩较低的桥跨,这必然增加下部结构的内力,同时主梁也会承担一定的横向弯矩。对于这种情况,可以采取双向活动支座与侧向弹性支承联合的方法进行解决。

在容许活动端可采用在构造上容许梁端发生切向位移和平面内旋转的变形,但同时采取一定的措施对梁体的径向位移进行限制,这种方法是比较合理和经济的。在这种计算理论下,并不需设置容许活动端,即同时对结构平面内的旋转变形和径向位移都有限制作用的构造装置。通过计算研究发现,若构件的允许活动端产生一定的转角位移，这种情况下能够使得垂直轴线方向的约束力大大降低，同时使得构件端部转角十分小，在这种情况下，若选择橡胶型伸缩缝也不会造成困难。

(3)纯扭转理论计算的基本假定

弯梁中存在较大的扭矩和扭转角，要把弯梁按杆系结构力学的方法作为纯扭转的构件进行理论分析，需作如下假定：

①横截面各向尺寸与跨长相比很小时，才允许将实际结构作为集中在梁轴线上的曲线形弹性杆来处理；

②弯梁的横截面在变形后仍保持为平面；

③弯梁变形后，横截面周边的形状保持不变，即截面不发生畸变；

④截面的剪切中心轴线与截面形心轴线相重合。

(4)圆心角

前面的分析表明，曲率对弯梁的影响与圆心角 φ_0 的大小直接相关，随 φ_0 的增大而单调增大。因 $\varphi_0 = L/R$，所以曲率的影响与曲率半径 R 和跨径 L 有关，当 L 较小时，虽然 R 可能很小，但因 L/R 并不大，所以曲率的影响并不大。分析结果表明：当 $\varphi_0 \leqslant 30°$时，弯梁的挠度可按相同跨度的直线梁计算。

在进行弯梁计算时，应充分考虑桥梁宽度的因素，尤其对于弯曲宽箱梁，车辆荷载偏载时，将会加剧弯梁的扭转反应。在弯梁中，挠曲变形和扭转变形是耦合的。在计算弯梁的竖向挠度时，可以理解为由“挠”和“扭”两者叠加（或相减）而得。弯梁的外侧边梁的竖向挠度一般较同跨径的直梁桥大。由于圆心角 φ_0 反比于 R、正比于 L，所以 R 越小、L 越大时，则弯扭效应越明显，即弯梁的力学特性越突出。

(5)弯扭刚度比的影响

根据相关文献资料的分析表明，弯梁的弯扭刚度比（$k = EI_x/GI_d$）对结构的受力状态有直接的影响。由于曲率因素导致的扭转变形随着 k 值的增大而增大。因此，设计弯梁时，在满足竖向刚度的前提下，应尽可能降低抗弯刚度 EI_x，提高抗扭刚度 GI_d。例如，可选用低高度的箱形截面梁，使其弯扭刚度比 k 降低。

(6)其他特点

①弯梁中横隔梁的功能

弯梁中横隔梁（板）的功能除了具有直线桥梁中的功能外，还担负着保持全桥稳定性的作用，尤其对于薄腹箱梁来说，增设横隔板是减小截面畸变变形的最优方案。

②弯梁中均布荷载的横向分布

在直线梁桥中，可以假定各根主梁均匀受力，但在弯梁中各根主梁的恒载内力很不均匀，尤其是在多梁式开口截面的情况下，其恒载存在荷载横向分布的计算问题，外侧边梁受力最大；通常情况下，需要在构造上采取措施增加整个桥梁的抗扭刚度，以弥补上述各梁内力分布不均的问题。

8.3 弯桥计算理论

8.3.1 弯桥的支承布置形式

(1)单跨弯桥

单跨弯桥的支座布置有四种形式(图8-3)：

①单跨静定弯桥中心布置，如图8-3a)所示；

②单跨静定弯桥偏心布置，如图8-3b)所示；

③单跨超静定弯桥中心布置，如图8-3c)所示；

④单跨超静定弯桥偏心布置，如图8-3d)所示。

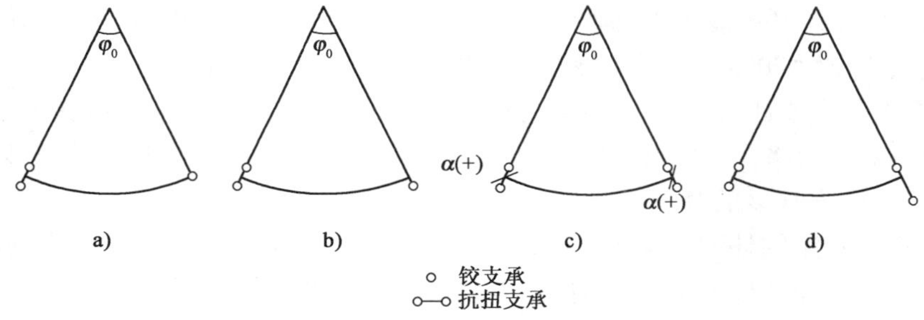

图8-3 单跨弯桥支座的布置形式

(2)连续弯桥

连续弯桥常见的支座布置形式主要有四种(图8-4)：

①两端点均设抗扭支座，中间跨设铰支承，如图8-4a)所示；

②两端点均设抗扭支座，中间跨设中心铰支承和少量抗扭支座，如图8-4b)所示；

③为减小扭矩，两端点均设抗扭支座，中间设向外侧有偏心的铰支承，如图8-4c)所示；

④为增大全桥抗侧倾稳定性，两端设置抗扭支承，中间交替布置偏心支承，如图8-4d)所示。设置偏心支承可以调整弯梁中的扭矩分布，但不能消除弯桥的扭矩。在有些结构中，也采用全桥都不设抗扭支座的形式，这种应用比较少。

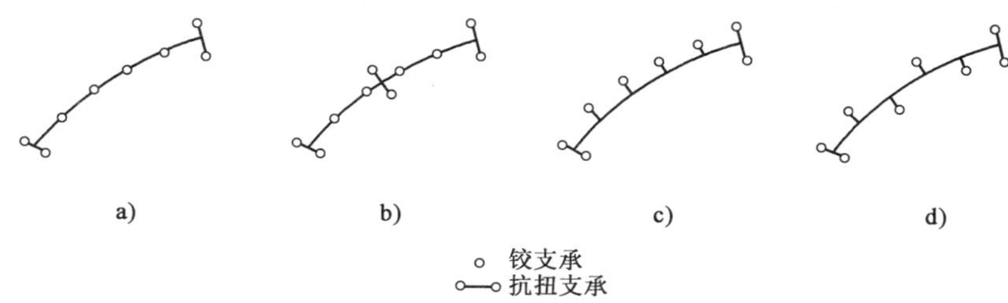

图 8-4　连续弯桥的支座布置形式

为方便选择计算模式和计算方法,对于连续弯桥,其支承方式分为 A、B、C 三类。

A 类:各支座处都设置抗扭约束,支座处只可弯曲转动,不可扭转;

B 类:中间支承处只设竖向约束,可发生弯曲和扭转转动;

C 类:只设铰支承的支座形式。

三类支承方式结构的超静定次数不同。

8.3.2　弯桥的基本微分方程

首先讨论扇形曲线的平面弯梁。

为分析结构的力学特性,首先研究结构的理论计算方法。

采用直角流动坐标系,如图 8-5 所示,该弯桥的曲线半径为 R,曲线向心方向为 x 轴,垂直于平面曲线方向并向下为 y 轴,弯梁轴线的切线方向为 z 轴,满足右手螺旋法则。梁上作用的外荷载有分布荷载和分布力矩,方向以与流动直角坐标系一致为正。取微段进行分析,截面内力的方向,在正面上以与流动直角坐标系一致为正,在负面上以与流动直角坐标系负方向为正。

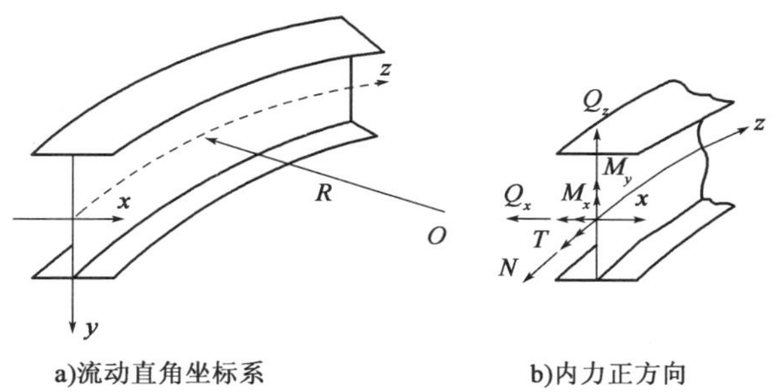

图 8-5　力学模型

建立基本微分方程的思路是:取微段单元,做出微段正负面的内力图,根据微段力的平衡来建立平衡方程。

取出微单元 dz，其上作用有荷载 q_x、q_y、q_z 和力矩 m_x、m_y、m_z，外力与内力的方向如图 8-6 所示，截面端部内力的方向如图 8-6b）所示，根据力的平衡条件建立方程。

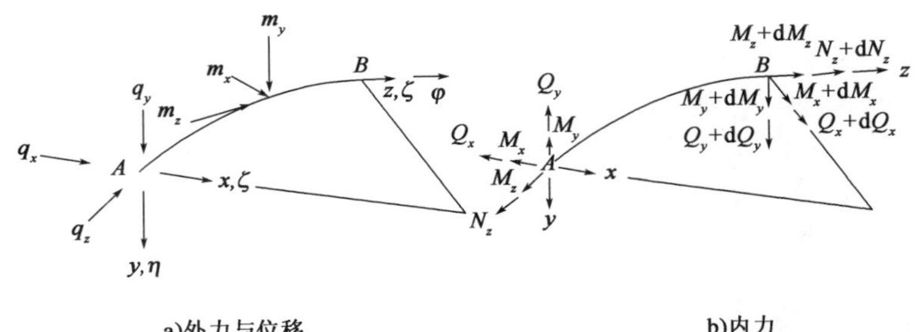

图 8-6　单元内力分析

圆弧杆段在三个坐标轴方向应保持力和力矩平衡，可以导出 6 个平衡方程。

（1）$\sum f_x=0$，把所有的力投影到 x 轴上，如图 8-7 所示。

$$(Q_x+dQ_x)\cos d\varphi - Q_x + (N_z+dN_z)\sin d\varphi + q_x dz\cos d\varphi/2 = 0 \tag{8-4}$$

$$\cos d\varphi \approx 1, \sin d\varphi \approx d\varphi, \cos d\varphi/2 \approx 1 \tag{8-5}$$

$$dQ_x + N_z d\varphi + q_x dz = 0 \tag{8-6}$$

$$\frac{dQ_x}{dz}+\frac{N_z}{R}+q_x = 0 \tag{8-7}$$

（2）$\sum f_y=0$，把所有的力投影到 y 轴上，如图 8-8 所示。

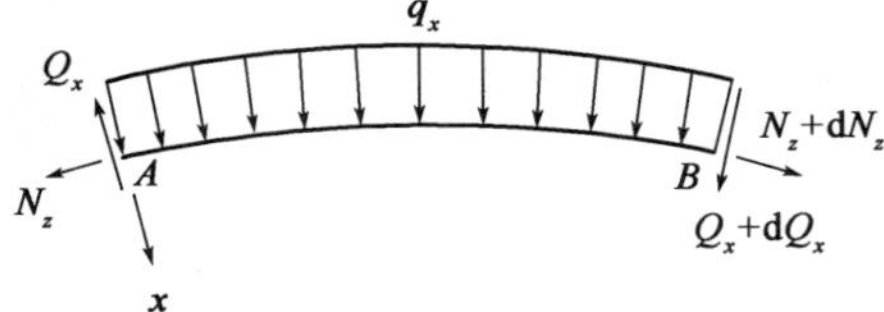

图 8-7　x 轴上力的投影

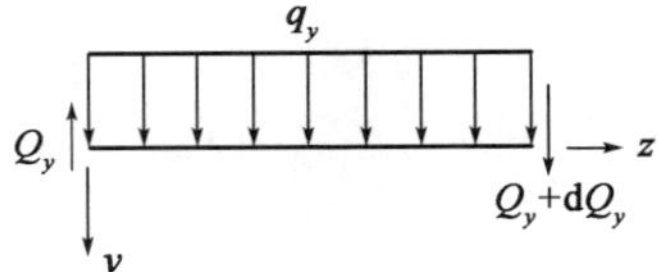

图 8-8　y 轴上力的投影

$$\frac{dQ_y}{dz}+q_y = 0$$

式中，dz 是圆弧上的微段。

（3）$\sum f_z=0$，把所有的力投影到 z 轴上，如图 8-9 所示。

$$(N_z+dN_z)\cos d\varphi - N_z + (Q_x+dQ_x)\sin d\varphi + q_z dz = 0 \tag{8-8}$$

$$dN_z - Q_x d\varphi + q_z dz = 0 \tag{8-9}$$

$$\frac{dN_z}{dz}+\frac{Q_x}{R}+q_z = 0 \tag{8-10}$$

(4) $\sum M_z = 0$,把所有 y 方向的力都对 x 轴求矩并投影到 x 轴上,略去高阶项有(图 8-10):

$$\frac{\mathrm{d}M_z}{\mathrm{d}z} + \frac{T_\tau}{R} - Q_y + m_z = 0 \tag{8-11}$$

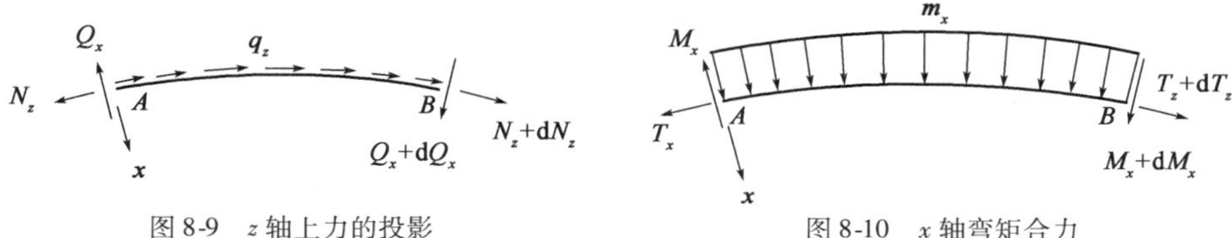

图 8-9 z 轴上力的投影　　图 8-10 x 轴弯矩合力

(5) $\sum M_y = 0$,把所有 x-y 平面上的力都对 y 轴求矩并投影到 y 轴上,略去高阶项有(图 8-11):

$$\frac{\mathrm{d}M_y}{\mathrm{d}z} + m_y + Q_z = 0 \tag{8-12}$$

(6) $\sum M_z = 0$,把所有 y 方向上的力都对 A 的切线求矩并投影到切线上,略去高阶项有(图 8-12):

$$\frac{\mathrm{d}T_z}{\mathrm{d}z} + \frac{M_x}{R} + m_z = 0 \tag{8-13}$$

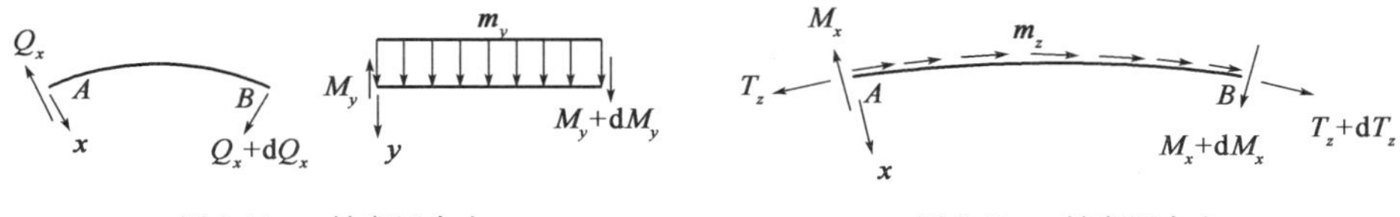

图 8-11 y 轴弯矩合力　　图 8-12 z 轴弯矩合力

将上述 6 个式子联立,并简化得到:

$$\begin{cases} \dfrac{\partial Q_x}{\partial z} + \dfrac{N}{R} + q_x = 0 \\ \dfrac{\partial Q_y}{\partial z} + q_x = 0 \\ \dfrac{\partial N}{\partial z} - \dfrac{Q_x}{R} + q_x = 0 \\ \dfrac{\partial M_x}{\partial z} + \dfrac{T}{R} - Q_y + m_x = 0 \\ \dfrac{\partial M_y}{\partial x} + Q_x + m_y = 0 \\ \dfrac{\partial T}{\partial z} - \dfrac{M_x}{R} + m_z = 0 \end{cases} \tag{8-14}$$

显然,若在右边的方程中令 $R\to\infty$,分布扭矩为零,就得到材料力学中熟知的直梁微分方程。

将上述6个平衡微分方程化为不包含 Q_x、Q_y、N 的3个力的平衡方程:

$$\frac{\partial^3 M_y}{\partial z^3}+\frac{1}{R^2}\frac{\partial M_y}{\partial z}=\frac{\partial q_x}{\partial z}-\frac{q_z}{R}-\frac{\partial^2 m_y}{\partial z^2}-\frac{m_y}{R^2}\tag{8-15}$$

$$\frac{\partial^2 M_x}{\partial z^2}+\frac{1}{R}\frac{\partial T}{\partial z}=-q_y-\frac{\partial m_x}{\partial z}\tag{8-16}$$

$$\frac{\partial T}{\partial z}-\frac{M_x}{R}=-m_z\tag{8-17}$$

有了力的平衡方程后,下面需要建立变形状态的几何关系。描述弯梁的独立位移分量为:轴向位移 u、径向位移 v、竖向位移 w、截面扭角 φ,它们均是坐标 z 的函数。

先讨论轴应变 ε_z,由图8-13得到,将微段 AB 的 B 端轴向位移 $u+\mathrm{d}u$、径向位移 $v+\mathrm{d}v$ 投影到 A 端的切线方向,与 A 端轴向位移 u 相减,并除以弧长 $\mathrm{d}z$,略去高阶项,就得到轴向应变,即:

$$\varepsilon_x=\frac{(u+\mathrm{d}u)\cos\mathrm{d}\varphi-(v+\mathrm{d}v)\sin\mathrm{d}\varphi}{\mathrm{d}z}\tag{8-18}$$

$$\varepsilon_z=\frac{\mathrm{d}u}{\mathrm{d}z}-\frac{v}{R}\tag{8-19}$$

再看绕 x 轴的变形曲率 k_x 和绕 z 轴的扭率 k_z,与上述过程相同,有:

$$k_x=\frac{(\theta_x+\mathrm{d}\theta_x)\cos\mathrm{d}\varphi+(\varphi+\mathrm{d}\varphi)\sin\mathrm{d}\varphi-\theta_x}{\mathrm{d}z}\tag{8-20}$$

$$k_z=\frac{(\varphi+\mathrm{d}\varphi)\cos\mathrm{d}\varphi-(\theta_x+\mathrm{d}\theta_x)\sin\mathrm{d}\varphi-\varphi}{\mathrm{d}z}\tag{8-21}$$

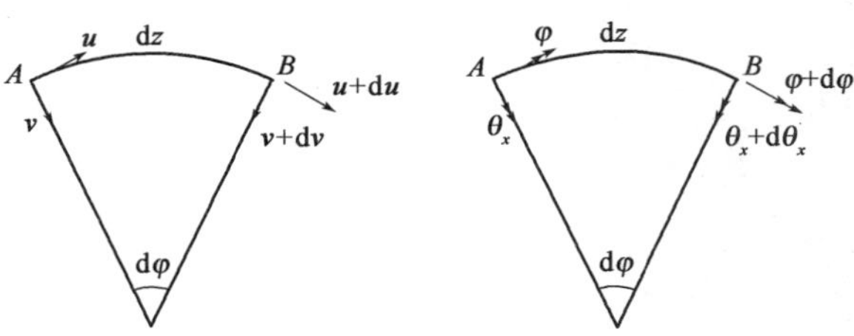

图8-13 微段位移图

注意到 $\theta_x=-\frac{\mathrm{d}w}{\mathrm{d}z}$梁挠曲线与转角关系,于是 x、z 方向的变形曲率为:

$$k_x = -\frac{\mathrm{d}^2\omega}{\mathrm{d}z^2} + \frac{\varphi}{R} \tag{8-22}$$

$$k_z = \frac{\mathrm{d}\varphi}{\mathrm{d}z} + \frac{1}{R}\frac{\mathrm{d}\omega}{\mathrm{d}z} \tag{8-23}$$

由于弯梁在变形前就有绕 y 轴的曲率 $1/R$，绕 y 轴的变形曲率应是由于变形产生的绕 y 轴的变形曲率增量，因此有：

$$k_y = \left(\frac{1}{R-v} - \frac{1}{R}\right) + \frac{\theta_y + \mathrm{d}\theta_y - \theta_y}{\mathrm{d}z} \tag{8-24}$$

式(8-24)中，v 与 R 相比要小得多，并注意到 $\theta_y = \frac{\mathrm{d}v}{\mathrm{d}z}$，经整理得：

$$k_y = \frac{v}{R^2} + \frac{\mathrm{d}^2 v}{\mathrm{d}z^2} \tag{8-25}$$

根据材料力学，引入虎克定律，可建立轴力、面内外弯矩与变形的关系：

$$N = EA\varepsilon_z = EA\left(\frac{\mathrm{d}u}{\mathrm{d}z} - \frac{v}{R}\right) \tag{8-26}$$

$$M_x = EI_x k_x = -EI_x\left(\frac{\mathrm{d}^2\omega}{\mathrm{d}z^2} - \frac{\varphi}{R}\right) \tag{8-27}$$

$$M_y = EI_y k_y = EI_y\left(\frac{\mathrm{d}^2 v}{\mathrm{d}z^2} + \frac{v}{R^2}\right) \tag{8-28}$$

对于受约束扭转的开口截面薄壁弯梁，其截面总扭矩由弯曲力矩和圣维南扭矩组成，可按下式计算：

$$\begin{aligned} T &= T_\omega + T_\mathrm{d} = -EI_\omega\frac{\mathrm{d}^2 k_z}{\mathrm{d}z^2} + GI_\mathrm{d}k_z \\ &= -EI_\omega\left(\frac{\mathrm{d}^3\varphi}{\mathrm{d}z^3} + \frac{1}{R}\frac{\mathrm{d}^3\omega}{\mathrm{d}z^3}\right) + GI_\mathrm{d}\left(\frac{\mathrm{d}\varphi}{\mathrm{d}z} + \frac{1}{R}\frac{\mathrm{d}\omega}{\mathrm{d}z}\right) \end{aligned} \tag{8-29}$$

弯曲力矩是受力杆件发生扭转时因为结构的横截面产生翘曲同时又受到相应的约束时所产生的，而一旦杆件发生扭转，圣维南扭矩即会随之产生。

自由扭转：对于结构截面尺寸相同的弹性薄壁直杆，若结构的各个截面均能够发生自由翘曲，且该杆件两端只受到一组即两个大小相等而方向相反的集中扭矩时，则杆件发生的扭转称为自由扭转。

约束扭转：在杆件截面不能发生自由翘曲时所产生的扭转。构件截面翘曲是截面扭转角的确定性函数。对于直线型等截面弹性薄壁杆，即使该构件的横截面翘曲不受外部机械限制，若结构杆件受到的外扭矩是沿着其本身分布而变化的，也不可能是自由扭转，因为这时各杆件各微段的扭转角不同，截面所发生的翘曲也不同,说明翘曲受到了约束。

对于曲杆,无论怎样施加荷载,它的扭矩沿杆长都是变化的,因此对于曲杆不存在自由扭转。

弯梁的剪力可通过平衡方程计算出来。

将上述各项关系代入平衡方程,经推导化简,得到弯梁变形与外荷载的平衡微分方程如下:

$$EI_y\left(v'''' + \frac{2}{R^2}v'' + \frac{v'}{R^4}\right) = q_x' - \frac{q_x}{R} - m_y'' - \frac{m_y}{R^2} \tag{8-30}$$

$$\left(EI_x + \frac{EI_\omega}{R^2}\right)\omega'''' - \frac{GI_d}{R^2}\omega'' + \frac{EI_\omega}{R}\varphi'''' - \frac{EI_x + GI_d}{R}\varphi'' = q_y + m_x' \tag{8-31}$$

$$\frac{EI_\omega}{R^2}\omega'''' - \frac{EI_x + EI_d}{R}\omega'' + EI_\omega\varphi'''' - GI_d\varphi'' + \frac{EI_x}{R^2}\varphi = m_x \tag{8-32}$$

式(8-30)与式(8-31)、式(8-32)相互独立,即弯梁的面内位移与面外位移不相关,可单独计算。而式(8-31)与式(8-32)耦合,两者相互依存。但当曲率半径趋于无限大时,两式之间又相互独立,即为直梁的弯曲与扭转方程。

将式(8-31)和式(8-32)用消元法求解,可以得到关于扭角的一个6阶微分方程:

$$\begin{aligned} &EI_\omega\varphi^{(6)} + \left(\frac{2EI_\omega}{R^2} - GI_d\right)\varphi'''' + \frac{1}{R^2}\left(\frac{EI_\omega}{R^2} - 2GI_d\right)\varphi'' - \frac{GI_d}{R^4}\varphi \\ &= \frac{EI_x + GI_d}{REI_x}q_y - \frac{I_\omega}{RI_x}q_y' + \frac{EI_x + GI_d}{REI_x}m_x' - \\ &\quad \frac{I_\omega}{RI_x}m_x' - \frac{GI_d}{R^2EI_x}m_x + \frac{I_\omega + R^2I_x}{R^2I_x}m_x'' \end{aligned} \tag{8-33}$$

上述方程是一个6阶常微分方程,要求得其解析解比较困难。一般在以下条件下可采用解析法求理论解:

①对于单跨弯梁,其结构的截面尺寸和曲率半径必须相等,梁体受到的荷载作用须是沿全跨的分布函数且无集中荷载。在满足上述条件的前提下,还需要6个边界条件。

②对于受到集中荷载作用的单跨弯梁或多跨连续弯梁,应将集中荷载的作用点或该结构的中间支承点作为分段点,对构件的每一段分别建立方程,每一段均需要6个边界条件,相邻边界条件应满足连续条件。

对单跨弯梁沿全跨作用竖向均布荷载及均布扭矩时,其解为:

$$\varphi = A'\text{ch}\frac{z}{a} + B'\text{sh}\frac{z}{a} + C'\cos\frac{z}{R} + D'z\cos\frac{z}{R} + E'\sin\frac{z}{R} + F'z\sin\frac{z}{R} + \frac{R^2}{EI_x}m_z - R^3\left(\frac{1}{GI_d} + \frac{1}{EI_x}\right)q_y \tag{8-34}$$

式中：$a = \sqrt{\dfrac{EI_\omega}{GI_d}}$；

A'、B'——由单跨弯梁两端边界条件确定的常数。

计算出 φ 以后，将其代入上面的耦合方程中，可列出关于竖向位移的 4 阶常系数微分方程，则有：

$$\omega = A'\left(\frac{a^2}{R}\text{ch}\frac{z}{a}\right) + B'\left(\frac{a^2}{R}\text{sh}\frac{z}{R}\right) + C'\left(-r\cos\frac{z}{R}\right) + D'\left(-rz\cos\frac{z}{R} + b\sin\frac{z}{R}\right) + E'\left(-r\sin\frac{z}{R}\right) + F'\left(-b\cos\frac{z}{R} - rz\sin\frac{z}{R}\right) + G' + H'z - \frac{q_yR^2}{2GI_d}z^2 \tag{8-35}$$

$$b = \frac{2EI_xR^4}{EI_\omega + EI_xR^2 + GI_dR^2} \tag{8-36}$$

上述方程的解中有 8 个任意常数需要由弯梁两端的边界条件确定。一般情况下，梁体的支承类型边界条件是：

①固端支承：$\omega = 0, \omega' = 0, \varphi = 0, k_z = 0$；

②固定铰支承：$\omega = 0, M_x = 0, \varphi = 0, B_\omega = 0$；

③点铰支承：$\omega = 0, M_x = 0, T = 0, B_\omega = 0$；

④自由端：$Q_y = 0, M_x = 0, T = 0, B_\omega = 0$。

在上述边界条件中，B_ω 称为翘曲双力矩，它是薄壁杆件约束扭转理论中表征横截面上翘曲正应力大小的特殊内力。弯梁中的双力矩表达式为：

$$B_\omega = -EI_\omega\left(\frac{d^2\varphi}{dz^2} + \frac{1}{r}\frac{d^2\omega}{dz^2}\right) \tag{8-37}$$

计算出弯梁的弯曲变形位移分量后，根据前面的公式，就可以计算出相应的截面内力。

在微分方程的基础上，也可以采用数值计算方法，如有限差分法等进行求解，并可采用有限差分法对变截面、变半径弯桥进行分析。但总体说来，计算过程相对复杂，对于工程常遇的弯梁，可以采用超静定结构的计算方法进行分析。

8.4 弯梁的常见病害及影响因素

如前所述,弯梁结构因为形式多变而使得空间力学性能较为复杂,结构在承受弯矩和剪力的同时,还承受了一定的扭矩和翘曲应力。鉴于弯梁的这些空间力学特性,弯梁较直梁桥更容易出现以下几种病害,这些病害不但会影响弯梁的外观,甚者还会影响到弯梁结构的正常使用。

(1)梁体侧倾

弯梁在施工和运营中结构易发生侧向倾覆,会给结构带来较危险的损害。梁体的侧向倾覆破坏了弯梁自身线形,使得发生倾覆的结构在荷载作用下应力重分布变得非常不利,而不平衡的内力又会加剧结构线形的破坏,反复循环使得梁体破坏程度越来越大,随之出现的病害也会交叉影响,例如支座脱空,梁体结构过度平移,墩柱产生裂隙等。

弯梁因为曲率半径使得结构外径弧长比内径弧长更长,所以结构重心轴更偏向于外径一定距离而与形心轴不重合。除此之外,弯桥梁体在预应力作用下,结构不但会产生轴力、剪力及弯矩这些平面内应力,还会出现诸如扭矩和翘曲应力这类的平面外应力。在这些平面内外应力的组合作用下会大大影响弯梁自身的承载力与稳定性。

(2)支座脱空

对于弯曲梁桥而言,理论分析结果表明:梁体的支座布设为端部抗扭支承,跨中为铰支承。曲率半径对梁体在荷载作用下两种支承形式所对应的剪力和弯矩值影响甚微;而曲率半径的增大会提高结构的扭矩。若梁体采用中间独立墩支承,则不能有效地抵抗结构在荷载作用下所产生的扭矩;在这种情况下,梁体端部的抗扭支座也无法抵抗过大的扭矩,再加之混凝土收缩徐变、温度作用等外界因素的组合作用,会导致该位置内径处支座的脱空现象。

梁体端部内侧抗扭支座一旦发生脱空,结构内部应力则会发生重分布,原先由该位置支座承担的荷载在该处支座脱空以后转移到了外侧支座,这使得外侧支座应力大大增加,从而产生破坏。当移动荷载处于脱空支座上方时,梁体下压,支座受力并传递给桥墩,移动荷载离开后梁体上翘,支座再次脱空,这样就形成了一个梁体通过支座对桥墩不停拍击的过程。在弯梁的运营过程中,这种现象会加剧桥梁墩柱的损害。

(3)墩柱开裂

弯曲梁桥选择墩柱固结方式支承时,墩柱处于梁体的曲向内侧部分的顶部易发生横向开裂。而导致这些裂缝的原因是多样的,包括预应力设置不合理、支座预偏心布设不周、支座脱空导致弯曲梁梁体应力重分布变得不利、墩柱刚度未满足承载能力要求等。

弯曲梁桥在张拉纵向预应力时,梁体腹板会出现横向应力,从而易导致混凝土开裂。其主要原因是在径向水平压力作用下,腹板混凝土的强度低于应力值而发生破坏。当弯曲梁桥的平面曲率很大且混凝土保护层厚度不够时,腹板更易出现裂缝。而伴随的是梁体支座脱空,在脱空处的拉应力集中与梁体在荷载作用下产生的扭转应力共同作用,使得弯曲梁桥的底板极易开裂。

(4)横向滑移

通过对部分已建成的弯曲箱梁桥进行调查研究后发现:在弯曲箱梁桥的运营过程中,部分梁体发生横向无法逆转的平面位移,这种病害不但会影响结构的平衡,甚至会造成支座的破坏。发生这种现象的根本原因是由于弯曲箱梁桥在恒载、活载以及温度荷载的长期作用下,对结构的累积效应所造成。这种现象对弯曲箱梁桥的受力十分不利。

以上仅列举出几种典型的弯梁病害形式,实际上,近年来关于弯梁反映出的问题还有很多。对于大多数病害,若在设计中引起足够的重视并采取相应措施完全可以避免。

第 9 章　连续箱梁桥横隔梁受力特性分析

对于连续箱梁桥，横隔梁是连接各主梁、顶底板、支座等受力构件的部分，承受着支座反力、截面扭转应力和畸变应力，以及通过主梁传递过来的荷载应力等，在各种荷载工况下其受力情况异常复杂。随着箱梁桥梁越来越被广泛的应用，为充分发挥箱梁桥梁的优越性能，保证箱梁横隔梁有足够的强度和刚度来发挥其应有的作用，必须根据连续箱梁横隔梁的受力特点采用合适的计算方法对其进行设计计算。但是从目前检索到的文献资料来看，对箱梁横隔梁的研究极少，以致至今连续箱梁的受力特点和规律尚不明了。

本章将以桥梁的空间实体有限元模型计算结果为基础，结合现场实测数据，按桥梁承受的荷载工况顺序，分析连续箱梁横隔梁在结构一期恒载、二期恒载及汽车荷载作用下的受力特点和应力分布规律。由于连续梁的一期恒载为桥梁自重荷载和纵向预应力荷载的组合，为方便分析，本书将一期恒载下的受力情况分为自重和预应力两个荷载工况单独考虑，对二期恒载和活载也单独建立荷载工况进行计算分析，并通过将各工况叠加组合后的数据与现场实测数据进行对比分析来验证以上各工况的分析结果。

9.1　工程概况

分析对象为杭州城市高架桥某互通区，立交形式为四层完全互通立交，全桥主要包括南北线主桥及 A、B、C、D、E、F、G、H 八条匝道，主桥上部结构以 25m 作为标准跨径，连续梁以 5 跨为一联，对桥梁宽度变化较大处采用 20m 作为标准跨径，4 跨一联；南北主跨部分采用 29m、30m 及 30.5m，桥梁上部结构为预应力钢筋混凝土及普通混凝土连续箱梁，主桥横截面采用多箱空腹式，如图 9-1、图 9-2 所示。

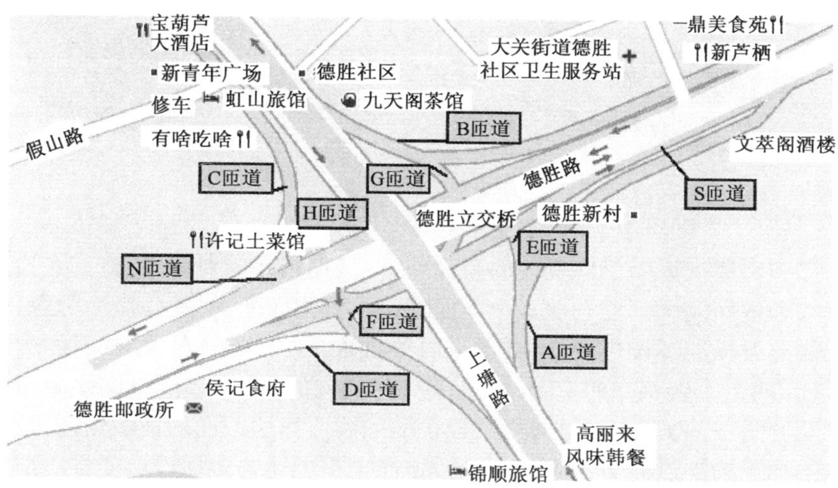

图 9-1　某立交桥主线及匝道平面位置图

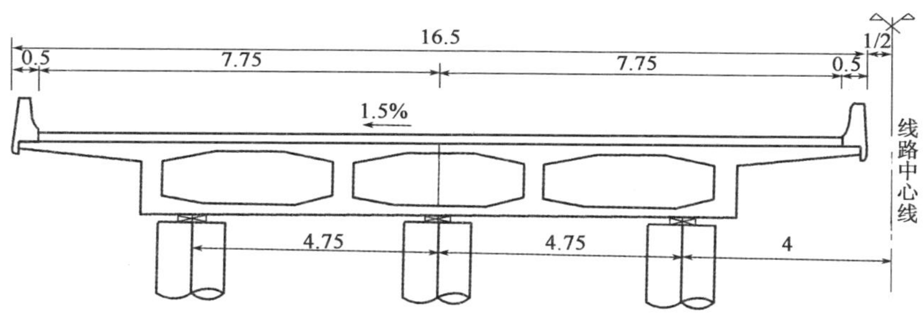

图 9-2　桥梁横断面示意图(尺寸单位:m)

9.2　横隔梁计算模型

对于跨径相等的多跨连续梁,边跨横隔梁受力最不利,所以本章只选取整联结构第一跨的端横隔梁和中横隔梁进行分析。第一跨的中横隔梁和端横隔梁的单元模型如图 9-3 和图 9-4 所示。

为了验证空间实体有限元模型计算结果的准确性,并获得横隔梁的受力特点,需要获得一定量的准确可靠的实测数据。检测时,对横隔梁安装埋入式混凝土应变计,测量相应测点的应变值,分析时将此实测数据与模型计算数据进行比较分析,互相验证并得到横隔梁受力特性。

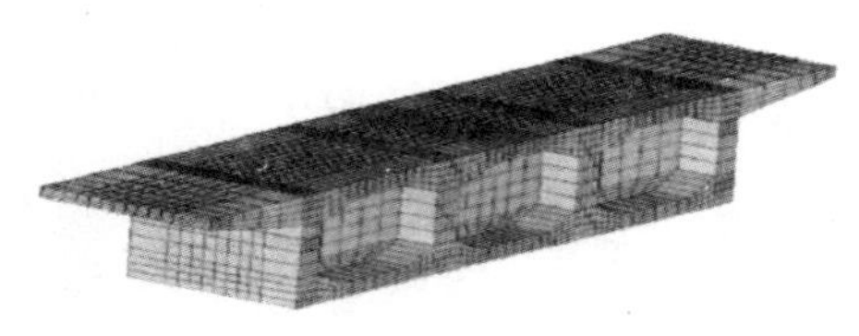

图 9-3　中横隔梁单元模型

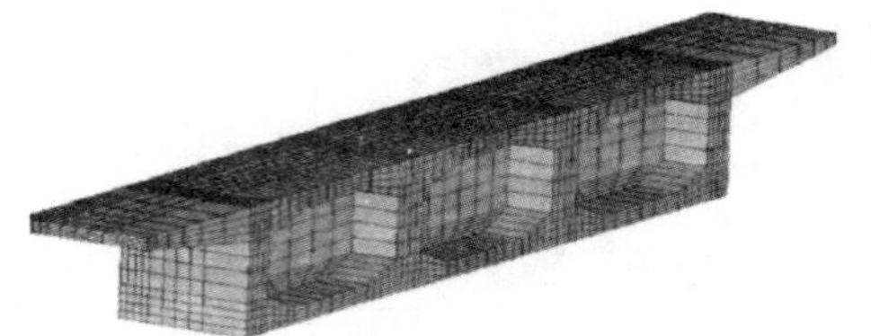

图 9-4　端横隔梁单元模型

箱梁横隔梁内混凝土应变计的布设如下：根据结构的对称性，分别在边跨的端横隔梁和中横隔梁一侧选取 3 个截面埋设混凝土应变计，其中截面上缘、下缘位置沿横隔梁纵向埋设应变计，测量横隔梁截面上、下缘应力，在截面的中间埋设应变计（两个垂直相交的应变计和一个 45°斜向的应变计组合）即能测量拉压应力也能测量平面剪力。另外，为了分析横隔梁与箱梁截面的荷载传递过程，在与横隔梁相连的支点截面的腹板内沿桥纵向也按上述方式埋设应变计。应变计的截面布设和现场埋设情况如图 9-5 所示。

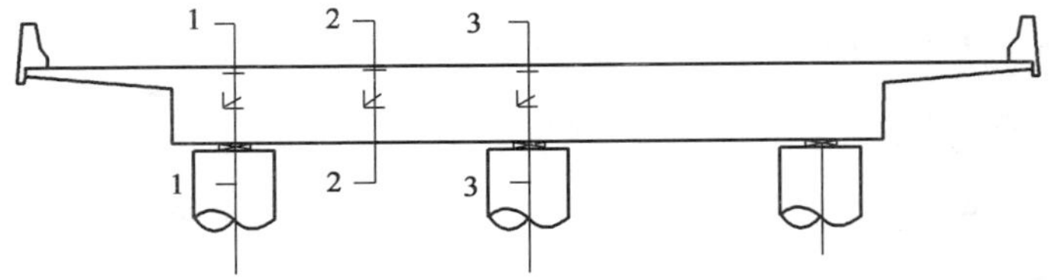

图 9-5　横隔梁内应变计的截面布设

9.3　自重荷载作用下箱梁横隔梁的受力分析

利用本书第 2 章中建立并修正后的基准有限元模型，在 ANSYS 中设预应力钢筋单元 LINK8，得到全桥在混凝土自重荷载工况下的有限元模型，运行该有限元模型，得到自重荷载工况下的全桥计算结果，从中提取出端横隔梁和中横隔梁的局部计算结果，分析横隔梁在全桥自重作用下的受力特点和规律。

通过结果对称拓展查看功能，得到自重荷载工况下的全桥挠度变形如图 9-6所示。

从全桥挠度变形结果得知，第一跨和第六跨跨中最大挠度为 7. 1mm，第二跨和第五跨跨中最大挠度为 3. 5mm，第三跨和第四跨跨中最大挠度为 4. 3mm。由此可见，在跨径相等的情况下，多跨连续梁的边跨竖向挠度变形比中跨大，在各跨配筋相同的情况下，设计多跨连续梁桥时，边跨的跨径不宜和中跨的跨径相等或比之更大,这在力学和设计上是不经济也不合理的。在城市立交桥梁设计受桥下道路和空间的限制而不得不采用等跨径时,全桥应按边跨作为控制设计桥跨进行配筋和计算,此时中跨的设计是比较保守和不经济的,也可以按边跨和中跨单独进行配筋设计,使桥梁各跨的配筋和受力经济合理,此时设计工作量稍增大。

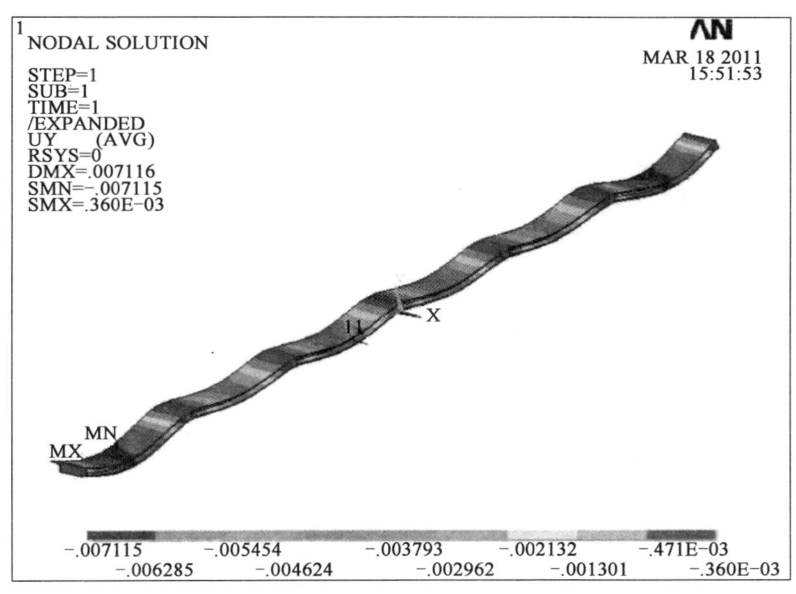

图 9-6 自重作用下全桥的挠度云图

9.3.1 中横隔梁沿桥纵向的受力状况

根据全桥自重作用荷载工况下的计算结果,在 ANSYS 后处理层中得到中横隔梁沿桥纵向的应力分布云图,如图 9-7 所示。

从图 9-7 中所显示的中横隔梁沿桥纵向应力分布结果可以看出:

(1)在自重荷载作用下,中横隔梁截面上缘沿桥纵向受拉,拉应力大小为 1 ~4.4MPa,截面下缘沿桥纵向受压,压应力大小为 -3 ~ -5MPa,这与连续梁支点截面受负弯矩作用下的受力情况一致。

(2)在横隔梁截面的同一水平高度处,横隔梁与腹板接触部分的应力数值比顶板和底板上应力大,横隔梁截面已经不再符合力学计算中的平截面假定。

(3)截面的纵向应力主要靠横隔梁与箱梁截面相连的部分承受,横隔梁与箱室连接部分应力值很小,接近于 0,可见此部分混凝土对横隔梁抵抗纵向弯曲应力的作用不大。

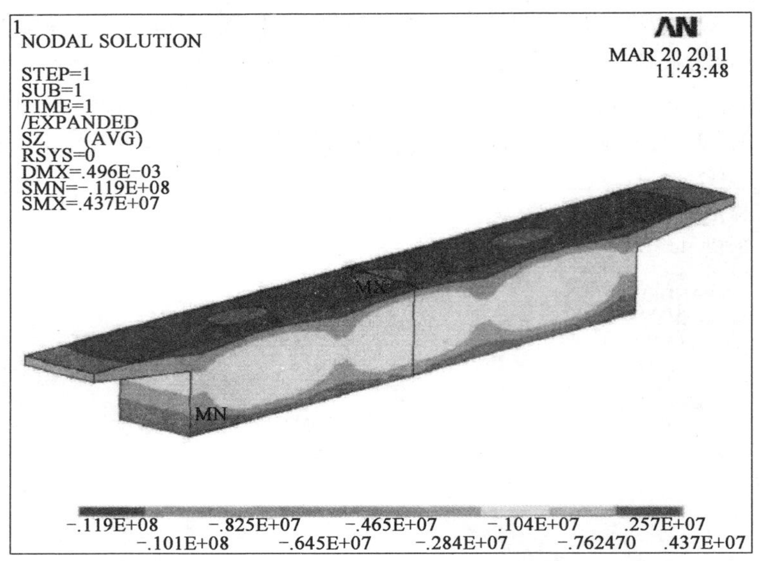

图 9-7 中横隔梁沿桥纵向应力云图

9.3.2 中横隔梁沿桥横向的受力状况

为了分析在自重荷载作用下，中横隔梁各部分沿横隔梁纵向即全桥的横向的受力情况，提取出横隔梁内应变测点沿横隔梁纵向的应变计算数据，如表 9-1 所示，并在 ANSYS 软件的后处理器中输出横隔梁纵向的应力分布和竖向变形云图，如图 9-8 所示。

测点沿横隔梁方向应变的有限元模型计算值(με) 表 9-1

测点截面位置	1-1 截面	2-2 截面	3-3 截面
截面上缘	26	-49	28
截面中心	-5	-6	-5
截面下缘	-48	39	-40

从表 9-1 中的测点计算应变数据以及图 9-8 所示的中横隔梁沿桥横向的应力分布和横隔梁竖向变形情况可以看出：

(1)支座处横隔梁上缘受拉，且拉应力最大，达到 2MPa，支座处横隔梁下缘受压，且压应力最大，达到 -4MPa，支座处横隔梁截面承受负弯矩。

(2)两支座间横隔梁顶缘受压、底缘受拉，支座间横隔梁截面承受正弯矩，支座间横隔梁顶缘压应力和底缘拉应力最大，竖向变形最大位置为横隔梁与箱梁腹板相连位置截面，而不是 1/2 相邻支座间距的横隔梁跨中截面。

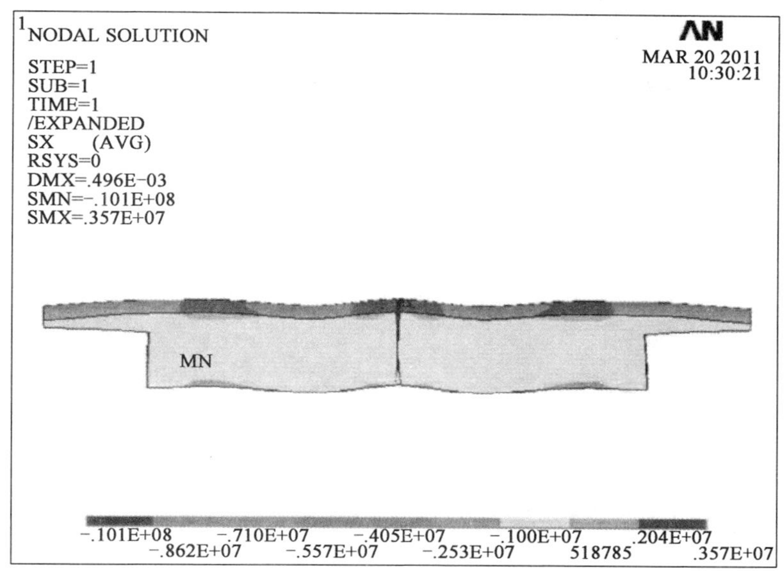

图 9-8　中横隔梁沿桥横向方向的应力分布和竖向变形云图

(3)边支座外侧的翼缘板上缘受拉、下缘受压,类似悬臂结构。

从以上中横隔梁的应力分布和竖向变形规律可以得出,对于梁底布设支座的横隔梁,与两跨双悬臂连续梁类似,横隔梁纵向配筋设计时可按双悬臂连续梁考虑,在横隔梁纵向的跨中截面,应根据腹板位置适当调整弯起钢筋的弯起位置。

9.3.3　中横隔梁处的竖向剪力分布状况

我们知道,梁的竖向荷载是通过截面上的竖向剪力传递至支点截面,再由支点截面下的支座传递至下部结构。弄清跨中段梁体上的荷载传递至横隔梁上的传递方式,对横隔梁计算时的荷载加载方式的确定非常重要。但是,由于箱形截面的复杂性,竖向剪力在截面上的分配情况相当复杂,用力学方法计算非常困难。

此处,根据 ANSYS 实体模型计算结果来分析截面上竖向剪力的分配规律,提取出中横隔梁及与其相连的部分箱梁段单元模型,根据计算结果绘制出此部分单元模型的竖向剪力分布云图,如图 9-9 所示。

从图 9-9 所显示的中横隔梁竖向剪力分布结果可以看出:

(1)在全桥自重荷载作用下,箱梁截面上的竖向剪力分布是不均匀的,箱梁腹板截面上的竖向剪力比顶板和底板上竖向剪力明显偏大。由此可知，远离横隔梁处的跨中段梁体混凝土自重主要是通过腹板截面的竖向剪力传递至横隔梁的，箱梁截面的顶板和底板也传递部分竖向剪力，但相对腹板截面来说很小。

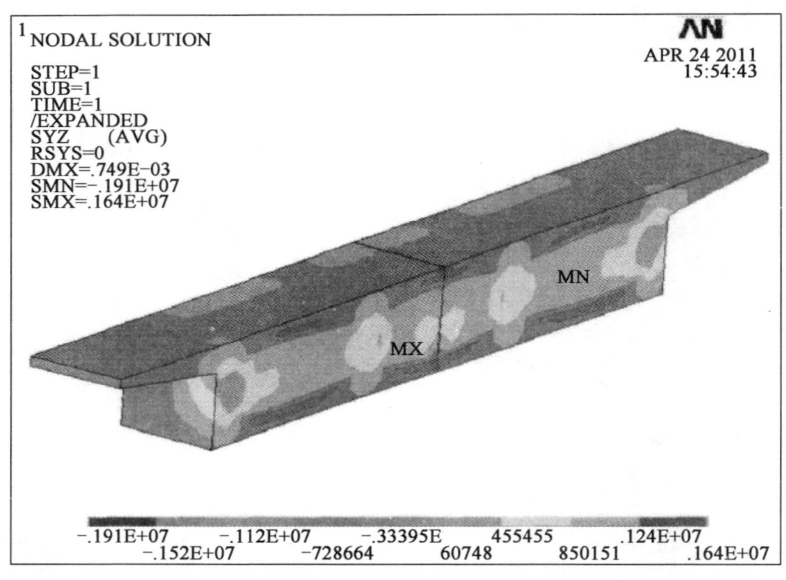

图 9-9 中横隔梁竖向剪力分布云图

(2)4 个腹板截面上的竖向剪力大小不一样，两个边腹板截面和两个中腹板截面上的竖向剪力分别相等，但是边腹板上的竖向剪力要比中腹板上的竖向剪力大。由此可知，在自重荷载传递过程中，各个腹板分配的力是不一样的，边腹板分配的力要比中腹板大。

(3)翼缘板截面竖向剪力很小，在翼缘板边缘附近剪力接近于零，可知翼缘板截面上的剪力滞效应明显，翼缘板对荷载的传递影响较小。

(4)在整个箱梁截面和各腹板截面上，竖向剪力的分布为截面上缘和下缘剪力小，截面中间大。

为得到与中横隔梁相连的箱梁截面上各部分分配的竖向剪力大小，将箱梁整体截面划分为腹板截面、顶板截面、底板截面、翼缘板截面，分别提取出各截面的竖向剪力值，并得到各截面上竖向剪力所占总截面竖向剪力的比例，如表 9-2 所示。

中横隔梁邻近箱梁截面上竖向剪力值分配(kN)　　表 9-2

截面位置	翼缘板	中腹板	边腹板	顶板	底板	截面总和	竖向反力
中横隔梁左	-49.0	-1 593.8	-1 674.4	-224.8	-221.8	-3 763.8	8 041.5
比例(%)	1.3	42.3	44.5	6.0	5.9	100	
中横隔梁右	-40.8	-1 357.8	-1 474.0	-195.6	-190.0	-3 258.2	
比例(%)	1.3	41.7	45.2	6.0	5.8	100	

从表 9-2 中数据可得:

(1)横隔梁左右截面的竖向剪力之和为 7 022kN,而支座竖向反力为 8 041.5kN,两者之差为 1 019.5kN,正好为中横隔梁的自重(1 019kN)。即对于中横隔梁分离体,其两侧的竖向力能满足如下平衡条件:

$$F_{支反力} = F_{左} + F_{右} + F_{横梁} \tag{9-1}$$

式中,$F_{支反力}$、$F_{左}$、$F_{右}$、$F_{横梁}$分别表示横隔梁下的支座反力、横隔梁沿桥纵向左侧截面的竖向剪力、横隔梁沿桥纵向右侧截面的竖向剪力、横隔梁自重。

(2)横隔梁左右两侧截面上的竖向剪力大小并不相等,可知连续箱梁桥的中横隔梁在桥梁自重荷载作用下横向受扭,此扭矩大小等于沿桥纵向支点截面的弯矩。

(3)在横隔梁两侧箱梁截面内竖向剪力的分配中,腹板为主要受力构件,约承受 87% 的截面总竖向剪力;顶板和底板也承受部分竖向剪力,约为截面总竖向剪力的 12%;翼缘板只承受约 1% 的截面总竖向剪力。

(4)4 个腹板中,边腹板承受的竖向剪力比中腹板大,1 个边腹板承受的截面总竖向剪力约为 1 个中腹板承受的截面总竖向剪力的 1.1 倍。

9.3.4 端横隔梁受力特性分析

端横隔梁设置在连续梁的两端,沿桥纵向承受的支点弯矩为零,因此端横隔梁所受的沿桥纵向应力很小,在设计时,按构造要求配置一定量的构造钢筋即可满足桥纵向受力要求。所以,此处只分析端横隔梁横桥向和竖向剪力的受力特点。

(1)端横隔梁沿桥横向受力状况

根据全桥自重作用荷载工况下的计算结果,提取出横隔梁内应变测点的计算数据如表 9-3 所示,并经 ANSYS 后处理层中显示端横隔梁沿桥纵向的应力分布云图,如图 9-10 所示。

测点沿横隔梁方向应变的有限元计算模型值(με)　　表9-3

测 点 位 置	1-1 截面	2-2 截面	3-3 截面
截面上缘	13	-19	13
截面中心	1	-8	4
截面下缘	-14	3.3	-26

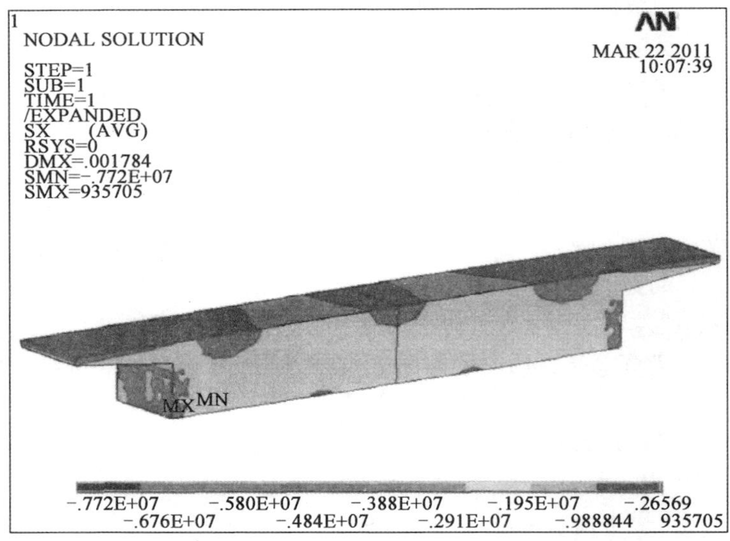

图9-10　端横隔梁沿桥横向的应力分布云图

从表9-4中数据和图9-10显示的端横隔梁沿桥横向的应力分布规律可以看出：

端横隔梁横桥向受力和中横隔梁一致，也是支点截面上缘受拉、下缘受压，承受负弯矩而与箱梁腹板相连位置受力相反，承受正弯矩翼缘板类似悬臂结构，上缘受拉、下缘受压、承受正弯矩。设计时可按双悬臂两跨连续梁考虑。

(2)端横隔梁处的竖向剪力分布状况

根据ANSYS实体模型计算结果和实测数据来分析截面上竖向剪力的分配规律。提取出端横隔梁结构模型，根据全桥计算结果绘制出此端横隔梁结构的竖向剪力分布云图，如图9-11所示。

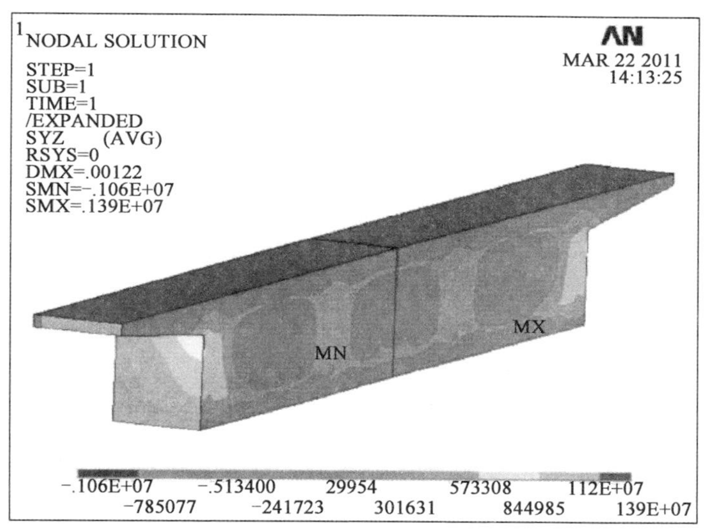

图 9-11　端横隔梁竖向剪力分布云图

从图 9-11 中所显示的端横隔梁竖向剪力的分布规律可以看出：

跨中段梁体的竖向荷载传递至端横隔梁的情况与中横隔梁处的情况一致，箱梁腹板为竖向剪力传递的主要受力构件，箱梁顶板和底板也传递小部分竖向剪力，翼缘板几乎不传递竖向剪力。为得到箱梁构件传递竖向剪力的具体比例，分别提取出各构件截面上的竖向剪力总值，并得到其各占总截面竖向剪力的比例，如表 9-4 所示。

与端横隔梁相连处箱梁截面上各点竖向剪力值　　表 9-4

截面	翼缘板	边腹板	中腹板	顶板	底板	截面总和	竖向反力
竖向剪力值（kN）	38.14	1 026.9	967.74	143.44	159.92	2 336.14	2 336.0
比例（%）	1.6	44.0	41.4	6.1	6.8	100.0	

从表 9-6 中数据可得，横隔梁左右截面的竖向剪力之差与箱梁所受支座反力相等，腹板分配的竖向剪力占总截面竖向剪力的 85.4%，顶板和底板共承担总截面竖向剪力的 12.9%，而翼缘板只承担约 1.6%，边腹板上的竖向剪力是中腹板的 1.1 倍。端横隔梁处竖向剪力的分配情况和中横隔梁处极为相近，可认为端横隔梁和中横隔梁处的竖向剪力分配是一致的。

从以上端横隔梁的受力分析结果来看，端横隔梁的沿桥横向受力特性和剪力分配规律与中横隔梁完全一致，在后续的分析中也只分析中横隔梁的受力特性,端横隔梁的特性同中横隔梁,在设计时可以按中横隔梁方法进行计算和配筋。

9.4 纵向预应力荷载作用下箱梁横隔梁的受力分析

利用已建立的基准有限元模型,删除自重应力场,即得到不考虑自重荷载,只考虑钢筋预应力荷载作用的工况模型,运行有限元模型进行计算。预应力荷载工况下的全桥挠度变形云图如图 9-12 所示。

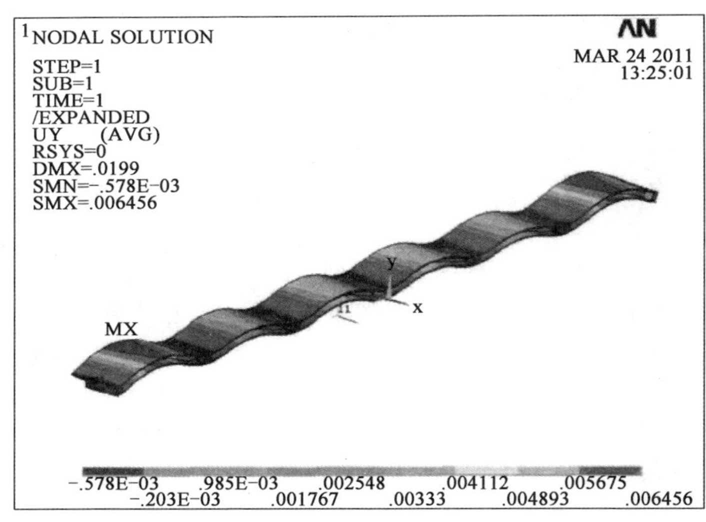

图 9-12 预应力荷载工况下全桥挠度变形云图

从图 9-12 中所示全桥挠度变形云图可以看出,在预应力荷载作用下,连续梁各跨跨中向上反拱,挠度为正,承受负弯矩支点位置截面挠度为负,承受正弯矩,与自重荷载工况情况下的变形正好相反,可以抵抗自重荷载作用的变形,达到纵向预应力钢筋的设计目的。从预应力荷载工况下全桥的变形可以看出,在预应力荷载工况下,边跨为最不利桥跨,选取边跨的横隔梁进行受力分析。

9.4.1 沿桥纵向的受力状况

根据全桥预应力荷载工况下的计算结果,在 ANSYS 后处理层中显示横隔梁沿桥纵向的应力分布云图,如图 9-13 所示。

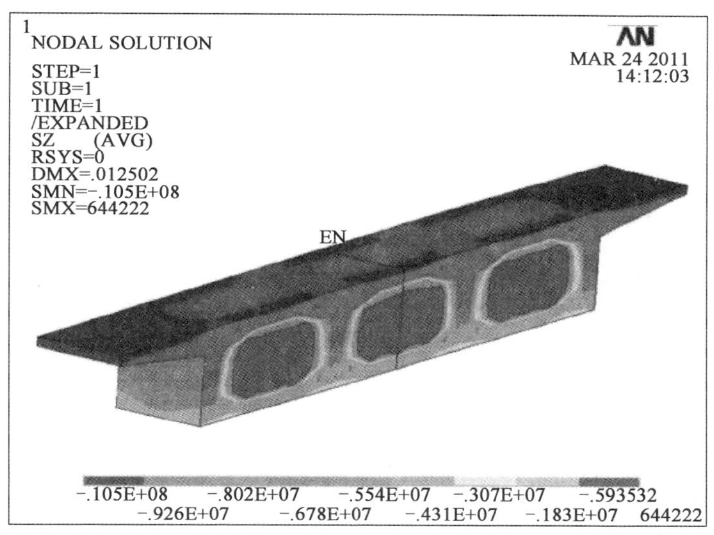

图 9-13　横隔梁沿桥纵向应力云图

从图 9-13 中所显示的横隔梁沿桥纵向应力分布情况可以看出：

（1）在纵向预应力荷载作用下，横隔梁截面上缘和下缘均受压，上缘压应力大，下缘压应力小，与纵向预应力荷载工况下支点截面承受正弯矩的受力情况一致。

（2）在桥梁的横桥向断面中，同一水平高度处的各位置的应力性质和大小不一致，横隔梁与箱梁截面相连接部位的应力比横隔梁与箱室截面接触的部位的应力数值明显偏大，不符合力学计算上的平截面假定规律。

（3）横隔梁截面与箱梁截面相连部位的压应力大小从截面顶缘的 -10.5MPa 渐变到底缘的 -3MPa，且同一水平高度处应力性质和大小一致，符合力学计算上的平截面假定规律。

（4）横隔梁与箱室接触部分的应力大小在（0 ±0.5）MPa 以内，没有参与整个截面的抗压，也没有出现拉应力。

由以上分析结果可以得出，箱梁横隔梁的横断面并不全部参与桥梁纵向的受力，横隔梁截面与箱梁截面接触区域为主要受力部分，横隔梁与箱室接触部分对桥梁的纵向受力影响不大，因此在进行桥梁的纵向受力分析时，对于横隔梁处截面可偏安全地取箱梁截面的刚度计算，如按整个横隔梁截面刚度计算会与实际情况相差较大，使横隔梁的设计趋于不安全。

9.4.2 沿桥横向的受力状况

为了分析沿横隔梁方向(即全桥的横向)的应力分布情况,提取出横隔梁内应力计算结果,绘制横隔梁纵向的应力分布云图,如图9-14所示。

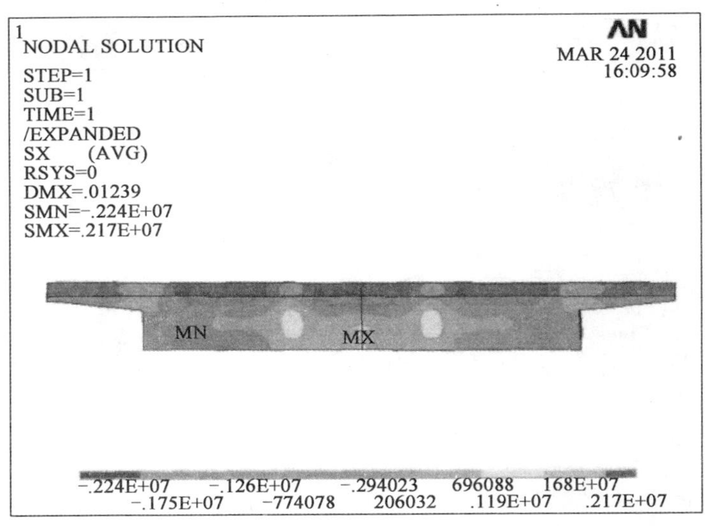

图9-14 中横隔梁沿桥横向的应力分布云图

从图9-14所示的横隔梁沿桥横向的应力分布结果可以看出:

(1)在预应力钢筋穿过的腹板和顶板位置,横隔梁的应力较大,没有预应力钢筋穿过的底板和翼缘板位置应力较小。

(2)在纵向预应力荷载工况下,在横隔梁内沿梁纵向的应力均很小,均在1MPa以内,翼缘板和底板应力均在0.5MPa以内。此应力大小相对于桥梁自重作用下的应力值很小。

从以上结果可知,连续箱梁桥梁的纵向预应力荷载对横隔梁纵向的受力影响很小,在横隔梁的设计计算中可以不予考虑。

9.4.3 竖向剪力分布状况

对纵向预应力荷载工况,除桥梁支点反力外,没有外界竖向荷载,但是对于多跨连续梁桥,箱梁截面竖直方向的不对称预应力荷载会使箱梁截面产生附加弯矩,引起支座的竖向反力,从而使横隔梁产生竖向剪力。

在预应力荷载工况下的有限元模型计算结果中,提取出各支点截面的竖向反力,并与自重荷载工况下的各支点反力进行对比,如表9-5所示。

预应力荷载工况下的各支点反力(kN)　　表 9-5

工　况	1 支点	2 支点	3 支点	4 支点	5 支点	6 支点	7 支点
预应力	96.73	-124.25	38.71	-22.40	38.71	-124.25	96.73
自重	1 493.3	3 900.5	3 423.9	3 549.6	3 423.9	3 900.5	1 493.3

注：表 9-7 中反力以竖直向上为正，支点号为按桥跨顺序编号。

从表 9-7 中可以看出，两种荷载工况下，边跨的中横隔梁下支点反力为最大，可知该中横隔梁为最不利横隔梁。与自重荷载工况相比，预应力荷载工况下的支点反力约为自重荷载工况下的 1/15 ~ 1/158，在支点横隔梁竖向剪力的计算中可以忽略不计。

9.5　二期恒载下箱梁横隔梁的受力分析

本桥的二期恒载主要有桥面铺装和防撞栏杆，二期恒载近似为桥面上的均布荷载，沿桥纵向为 8 023.5kg/m，在 ANSYS 中以面压力荷载的形式施加压力荷载，为 4.765kPa。利用基准有限元模型，删除重力场荷载和预应力荷载，在有限元模型的箱梁顶面上施加压力荷载，得到二期恒载下的有限元模型，运行此有限元模型进行计算，提取横隔梁计算结果进行分析。

9.5.1　沿桥纵向的受力状况

根据全桥二期恒载工况下的计算结果，在 ANSYS 后处理层中显示横隔梁沿桥纵向的应力分布云图，如图 9-15 所示。

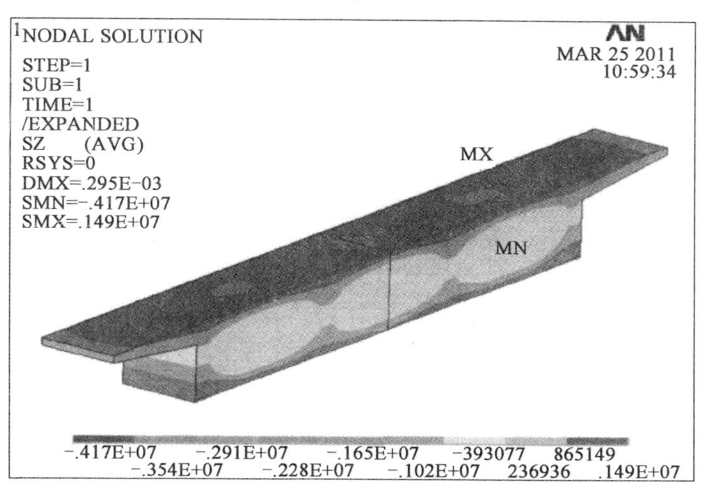

图 9-15　横隔梁沿桥纵向应力云图

从图9-15所示的横隔梁沿桥纵向应力分布结果可知，二期恒载工况下，箱梁横隔梁的受力与自重作用下受力分布规律相似：

(1)截面上缘主要受拉，拉应力为1～1.5MPa，下缘受压，压应力为－1～－1.6MPa，截面承受负弯矩。

(2)在横隔梁截面的同一水平高度处，沿桥纵向应力大小不一致，横隔梁截面已经不再符合力学计算中的平截面假定。

(3)截面的纵向力主要由横隔梁与箱梁截面相连的部分承受，横隔梁与箱室所接触部分几乎不承受沿桥纵向应力，可见此部分混凝土对横隔梁抵抗纵向弯曲应力的作用不大。

9.5.2 沿桥横向的受力状况

为了分析横隔梁纵向(即全桥的横向)的应力分布情况，提取出横隔梁及其与之相连部分箱梁段的应力计算结果，绘制横隔梁横向应力分布云图，如图9-16所示。

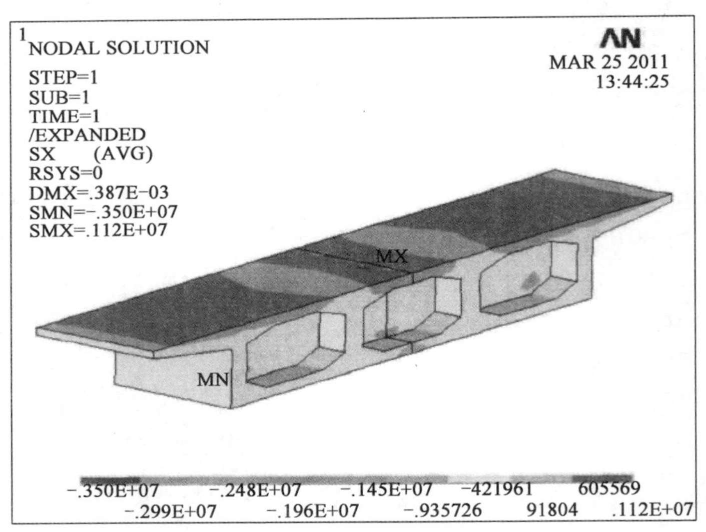

图9-16 横隔梁沿桥横向应力分布云图

从图9-16所示的横隔梁沿桥横向的应力分布结果可以看出，在二期恒载工况下，箱梁横隔梁的受力与自重作用下受力分布规律相似：

(1)支座上方截面上缘受拉、下缘受压，承受负弯矩。两支座间的腹板位置截面上缘受压、下缘受拉，承受正弯矩。在边支座外侧的翼缘板截面上缘受拉、下缘受压，同悬臂结构。从横隔梁纵向的这种应力分布规律可以看出，梁底布设支座的横隔梁纵向和双悬臂连续梁一致。

(2)从截面的应力分布结果可知,支座间中横隔梁的最大正弯矩截面为横隔梁与腹板相连位置的截面,而不是相邻支座的1/2间距位置截面,因此在中横隔梁的纵向配筋时,应适当调整弯起钢筋的弯起位置。

(3)与横隔梁相连的箱梁顶板和底板对横隔梁的纵向受力是提供抗力的。

9.5.3　竖向剪力分布状况

提取出中横隔梁单元模型,根据计算结果绘制出此部分单元模型的竖向剪力分布云图,如图9-17所示。

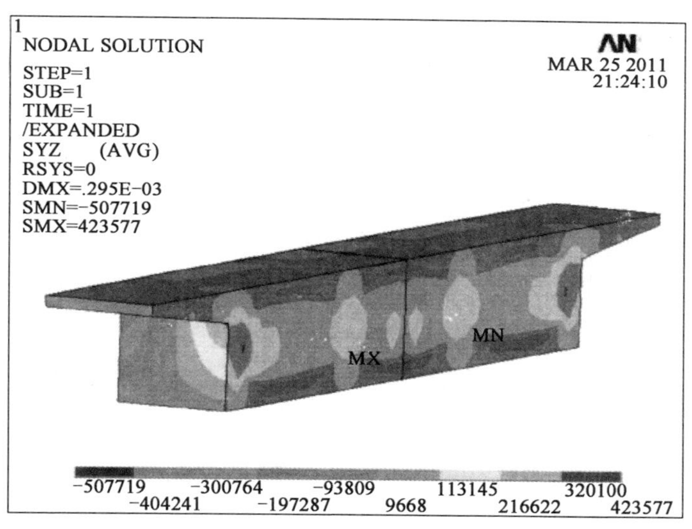

图 9-17　横隔梁竖向剪力分布云图

从图9-17所示横隔梁竖向剪力分布云图结果可以看出:

(1)在二期恒载作用下,横隔梁截面的剪力分布与等截面梁在纵向弯矩作用下的剪力分布是不一样的。一般等截面梁在纵向弯矩作用下的竖向剪力分布为中间大,向截面的上缘和下缘渐渐变小,同一水平高度处剪力大小相等。但横隔梁截面上的剪力不符合此规律,原因是箱梁截面和横隔梁接触面上截面突变,剪力的传递不规则。

(2)横隔梁与腹板相连截面竖向剪力比其他部位剪力明显偏大,可知跨中段箱梁的二期恒载主要通过箱梁的腹板截面传递至横隔梁。

(3)箱梁与4个腹板相连部位的剪应力大小分布不均,边腹板处剪应力比中腹板处大,可知箱梁4个腹板中边腹板传递的剪力值要比中腹板大。

为分析在二期恒载下箱梁截面各部分传递给横隔梁的竖向剪力大小，将箱梁整体截面划分为腹板截面、顶板截面、底板截面、翼缘板截面，分别提取出各截面的竖向剪力值，并得到各截面上竖向剪力所占总截面竖向剪力的比例，如表9-6所示。

箱梁支点截面上竖向剪力值分配(kN) 表9-6

截面位置	翼缘板	中腹板	边腹板	顶板	底板	截面总和	竖向反力
中横隔梁左	-35.2	-560.0	-614.0	-81.2	-79.8	-1 352.56	2 552
比例(%)	1.3	41.4	45.4	6.0	5.9	100	
中横隔梁右	16.8	498.0	542.2	72.0	69.6	1 199.4	
比例(%)	1.4	41.6	45.2	6.0	5.8	100	

从表9-8中数据可得，横隔梁左右截面的竖向剪力之差与箱梁所受支座反力相等，腹板分配的竖向剪力占总截面竖向剪力的87%，顶板和底板均承担总截面竖向剪力的6%，而翼缘板只承担约1%，与自重荷载工况下分布一致。

从二期恒载作用下横隔梁的受力分析来看，横隔梁在沿桥纵向、横向及箱梁荷载剪力传递的规律上都与自重荷载作用下一致，因此在对横隔梁进行设计计算时可以将自重荷载和二期恒载进行组合，一并计算。

9.6 汽车荷载作用下横隔梁的受力分析

当桥上作用汽车荷载时，汽车荷载通过桥面板传递给箱梁，再由箱梁传递至横隔梁，但是汽车荷载在箱梁截面上具体如何传递，在箱梁截面各部分上如何分配尚未知。本节通过空间实体有限元模型计算结果对此进行分析。

根据此桥成桥检测下的静力荷载工况，选取其中使边跨中横隔梁剪力最大的荷载工况进行分析，此时采用6辆460kN的标准试验车进行加载，试验车轮前轴重100kN，中轴和车后轴各重180kN，具体加载方式如图9-18所示。

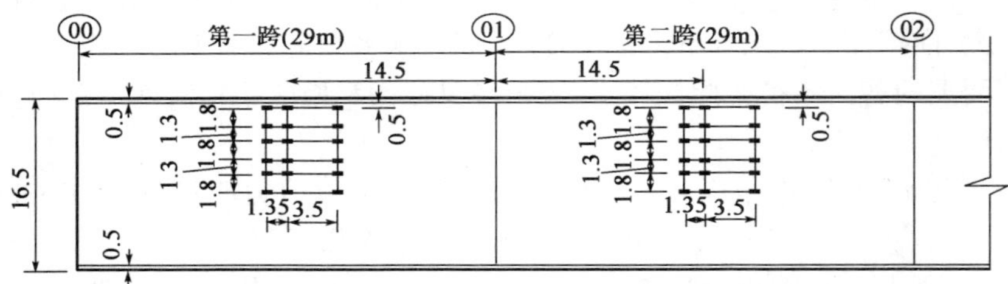

图9-18 汽车荷载偏载试验工况(尺寸单位:m)

通过计算结果，提取出箱梁支点、1/4跨、跨中截面上的竖向剪力分布结果，如图9-19和表9-7所示。

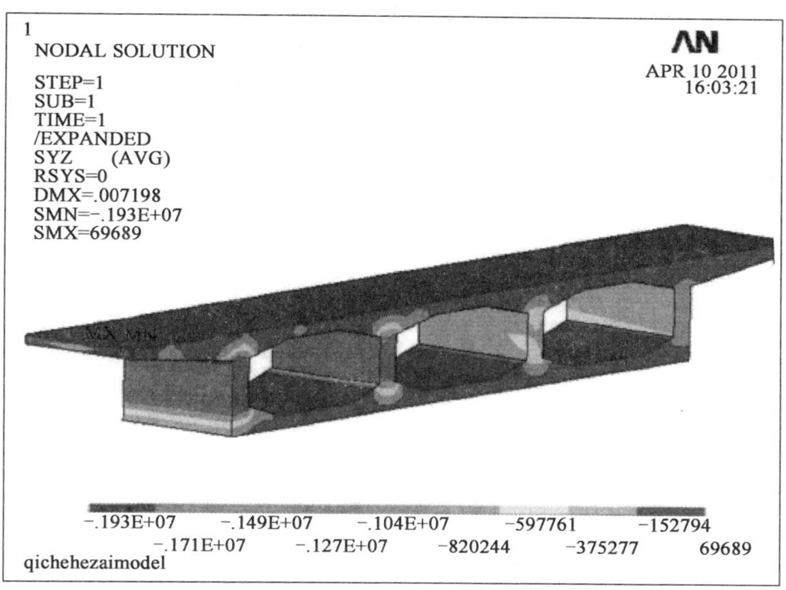

图9-19 跨中截面竖向剪力云图(1/4跨和支点剪力分布与此相同)

箱梁各截面上竖向剪力值分配(kN) 表9-7

截面位置	翼缘板	顶板和底板	左边腹板	左中腹板	右中腹板	右边腹板	腹板总和	截面总和
支点	25.0	220.4	656.1	496.5	329.9	146.0	1 628.4	1 873.8
百分比	1.3	11.8	35.0	26.5	17.6	7.8	86.9	100
1/4跨	29.9	212.6	653.7	503.1	325.1	148.0	1 629.9	1 972.4
百分比	1.6	11.4	34.9	26.9	17.4	7.9	87.0	100
跨中	70.4	201.2	599.9	546.5	294.5	160.7	1 601.7	1 873.3
百分比	3.8	10.7	32.0	29.2	15.7	8.6	85.5	100

从图9-19和表9-7中所示计算结果可以看出：

(1)在桥的横向，车辆荷载偏载作用下，箱梁各个腹板上的竖向剪力分布不均，靠近荷载侧大，远离荷载侧小。

(2)在桥的纵向，各截面上腹板承受的竖向剪力均在85%以上，所以沿桥纵向不管是靠近和远离汽车荷载的截面，汽车荷载力主要通过腹板传递至横隔梁。

(3)在远离汽车荷载截面处，箱梁腹板截面传递的荷载总值和恒载下基本一致，即腹板承受约87%的竖向荷载，顶、底板和翼缘板承受13%的竖向荷载。

从以上汽车荷载的传递情况可以得出，汽车荷载主要通过箱梁腹板传递至横隔梁，箱梁的顶、底板只承受小部分汽车荷载。对横隔梁进行设计计算时，可以将绝大部分汽车荷载简化为作用在横隔梁腹板上的集中力，剩余部分简化为作用在横隔梁顶、底板上的均布荷载。箱梁各腹板分配的剪力大小需要根据各腹板的横向内力影响线进行计算得到，计算方法可以采用刚性横隔梁法或杠杆原理法。

9.7 有限元计算结果与实测数据的比较

为验证以上空间实体有限元模型对横隔梁在各荷载作用下的计算结果和分析结果的准确性，提取出测点在各荷载作用下的有限元模型计算数据，并与现场实测数据进行对比。现场实测数据是根据桥梁的特定施工阶段进行采集的，所以对有限元模型计算数据需要进行相应组合后再与特定施工阶段的实测数据进行对比。进行数据采集的荷载情况分为一期恒载阶段（自重+纵向预应力）、二期恒载阶段（一期恒载+二期恒载）、成桥检测阶段（一期恒载+二期恒载+汽车荷载）。根据横隔梁和箱梁截面内应变计的埋设情况，提取出各荷载作用下相应测点位置的有限元模型数据，按照桥梁的施工阶段进行组合，各工况下荷载作用组合的分项组合系数均为1。将有限元模型计算数据与现场实测数据进行对比如表9-8～表9-10所示。

中横隔梁内测点应变数据（单位：με）　　表9-8

测点位置	测点数据	一期恒载	二期恒载	成桥检测
1-1截面上缘横桥向应变	计算值	44.8	47.5	61.9
	实测值	43.5	45.6	64
1-1截面中间斜向剪应变	计算值	30	41.1	62.5
	实测值	32	45	65
1-1截面下缘横桥向应变	计算值	-146.7	-198	-247.5
	实测值	-151	-204	-257
2-2截面上缘横桥向应变	计算值	18.0	13.1	-17.7
	实测值	15	14	-21
2-2截面中间斜向剪应变	计算值	-16.8	-20.2	-38.8
	实测值	-19	-25	-35

续上表

测 点 位 置	测点数据	一期恒载	二期恒载	成桥检测
2-2 截面下缘横桥向应变	计算值	63.7	96.3	122.9
	实测值	67	102	101
3-3 截面上缘横桥向应变	计算值	32.5	45.0	56.6
	实测值	31	40	50
3-3 截面中间斜向剪应变	计算值	22.0	30.5	41.6
	实测值	22.0	34.0	45.0
3-3 截面下缘横桥向应变	计算值	-35.9	-58.6	-105.9
	实测值	-37	-61	-110

端横隔梁内测点应变数据(单位:με)　　表 9-9

测 点 位 置	测点数据	一期恒载	二期恒载	成桥检测
1-1 截面上缘横桥向应变	计算值	61.4	56.8	67.4
	实测值	64	61	66
1-1 截面中间斜向剪应变	计算值	24.3	31.7	24.9
	实测值	30	36	23
1-1 截面下缘横桥向应变	计算值	-105.4	-115.0	-140.3
	实测值	-98	-107	-135
2-2 截面上缘横桥向应变	计算值	-139.0	-129	-137.6
	实测值	-148	-135	-141
2-2 截面中间斜向剪应变	计算值	22.8	-13.6	-31.4
	实测值	27	-14	-37
2-2 截面下缘横桥向应变	计算值	47.5	46.4	44.6
	实测值	49	48	49
3-3 截面上缘横桥向应变	计算值	-21.5	-19.3	-21.2
	实测值	-23	-20	-20
3-3 截面中间斜向剪应变	计算值	12.2	23.2	5.1
	实测值	16	27	3
3-3 截面下缘横桥向应变	计算值	-76.5	-111.6	-116.2
	实测值	-87	-109	123

从表 9-8 和表 9-9 中的数据可以看出:

(1)除少数测点外,三种工况下的测点的有限元计算应变值与实测值在数值上都很接近，应变分布规律一致，说明基准有限元模型计算结果是准确的。

(2)在支点上方的横隔梁截面(1-1 截面和 3-3 截面)内，上缘受拉应变，下缘受压应变，而在横隔梁的跨中截面(2-2 截面)上缘为压应变，下缘为拉应变，与前述计算分析结论一致。

(3)同一荷载工况下，中横隔梁和端横隔梁的受力分布规律一致。

横隔梁处箱梁支点截面内测点应变数据(单位：με) 表 9-10

测点位置	测点数据	一期恒载	二期恒载	成桥检测
左边腹板上缘横桥向应变	计算值	-214.1	-190.4	-119
	实测值	-224	-208	-123
左边腹板中间斜向剪应变	计算值	-53.8	-86.4	-164.8
	实测值	-56	-78	-171
左边腹板下缘横桥向应变	计算值	-186.2	-220.4	-324.4
	实测值	-180	-218	-351
左中腹板上缘横桥向应变	计算值	-208.7	-184.1	-117.9
	实测值	-206	-178	-109
左中腹板中间斜向剪应变	计算值	-46.5	-73.8	-126.9
	实测值	-48	-68	-124
左中腹板下缘横桥向应变	计算值	-186.4	-213.7	-288.4
	实测值	-171	-218	-300
右中腹板上缘横桥向应变	计算值	-208.7	-184.1	-134
	实测值	-209	-197	-128
右中腹板中间斜向剪应变	计算值	-46.5	-73.8	-109.7
	实测值	-64	-78	-108
右中腹板下缘横桥向应变	计算值	-186.4	-213.7	-268.1
	实测值	-176	-201	-299
右边腹板上缘横桥向应变	计算值	-214.1	-190.4	-155.5
	实测值	-228	-206	-145
右边腹板中间斜向剪应变	计算值	-53.8	-86.4	-106.6
	实测值	-57	-87	-101
右边腹板下缘横桥向应变	计算值	-186.2	-220.4	-269.2
	实测值	-189	-240	-289

从表 9-10 中数据可以看出：

(1)除少数测点外，三种工况下的测点的有限元计算应变值与实测值在数值上都很接近，应变分布规律一致，说明基准有限元模型计算结果是准确的。

(2)在一期和二期恒载工况下，实测值和计算值中，边腹板中间位置处的剪应变均比中腹板中间的剪应变大，且其比值也接近 1.1，与前面分析得到的边腹板传递的竖向剪力是中腹板的 1.1 倍的结论一致。

9.8 本章小结

本章通过空间实体有限元建模计算，分析了连续箱梁桥横隔梁在自重、纵向预应力、二期恒载、汽车荷载工况下的受力特性，通过有限元模型计算结果和实测数据分析得到以下结论：

(1)对于多跨连续梁的端横隔梁受力与中横隔梁类似，端横隔梁沿桥纵向的受力与中横隔梁沿桥纵向的受力相同，端横隔梁沿桥横向的受力特性和箱梁传递竖向荷载的分配规律与中横隔梁完全一致。

(2)在不同荷载工况作用下，箱梁横隔梁的横断面并不全部参与桥梁纵向的受力，横隔梁截面与箱梁截面接触区域为主要受力部分，横隔梁与箱室接触部分对桥梁的纵向受力影响很小，因此在进行桥梁的纵向受力分析时，横隔梁处截面可取箱梁截面的截面特性乘以一个合适的刚度提高系数进行计算，如按整个横隔梁截面特性计算会与实际情况相差较大，使横隔梁的设计趋于不安全。

(3)对于梁底设有支座的支点横隔梁沿横桥向受力特性和两跨双悬臂连续梁类似，横隔梁纵向配筋设计时可按双悬臂连续梁考虑。支座间中横隔梁的最大正弯矩截面为横隔梁与腹板相连位置的截面，而不是 1/2 相邻支座间距位置截面。

(4)箱梁跨中段竖向荷载以箱梁截面剪力的形式传递至横隔梁，且在箱梁截面上剪力分配不均，腹板截面为主要受力构件。在恒载工况下，腹板承受截面总竖向剪力的 85% ~87%，翼缘板只承受截面总竖向剪力的 1%，箱梁顶板和底板承受截面总竖向剪力的 12%。各腹板中，边腹板受力比中腹板大，一个边腹板分配的竖向剪力是一个中腹板的 1.1 倍。

(5)纵向预应力对横隔梁支座反力的影响相对于恒载来说非常小，在对横隔梁的设计计算中可以忽略。

(6)汽车荷载工况下，汽车荷载主要通过箱梁腹板传递至横隔梁，各腹板上的荷载分配与汽车荷载的横向布置有关，可以根据各腹板的内力影响线计算出各腹板的荷载分配大小。

第10章　结　　语

城市复杂立交桥梁由于其通行能力大、效率高，在城市交通组织中担当着生命线工程的重要角色，而且由于其造型优美、风格各异，往往成为城市中靓丽的风景带。同时，由于其通行车辆的密度高、载重大，引起的汽车与桥梁间动力响应问题不容忽视，研究其本质规律具有非常重要的意义。

通过对立交桥梁结构的静力行为理论分析及模型试验实测，从中可以得出以下几点结论：

(1)薄壁箱梁桥结构约束扭转、畸变、剪力滞以及主桥与匝道的相互影响比较突出。

(2)立交桥梁匝道曲线段的端支承内侧加载时可能产生负反力，当直线主桥上作用竖向荷载，即使是一般偏心荷载，结构采用被动控制支座或混合型控制支座，支座截面采用较厚横隔板时，约束扭转和畸变效应对结构的影响较小。主动型控制支座在竖向偏心荷载作用下，约束扭转和畸变效应对主线和匝道的影响都十分显著，进行结构设计时应引起注意。

(3)立交桥梁匝道曲线段外侧加载、内侧卸载的特点，表现为外侧挠度增大、内侧挠度减小。

(4)在实际工程的设计计算中，往往总是削弱了横向刚度，箱梁的整体性及荷载在各腹板(纵梁)分配性能降低，是造成各腹板受力的差异大及最大应力较大的主要原因，在曲线异形桥梁结构中更为突出，但还可满足实际工程的需要，一般差异均在20%左右。因此，我们认为：两种方法在反映异形箱梁中腹板的受力特点上基本一致，两者的计算结果总体上能较好地吻合。同时，也说明两者模型的建立和分析计算是完全合理可靠的。

(5)从横隔梁的应力云图中可以看出，在横轴断面上，纵向弯曲应力分布还是比较对称的，但其横向弯曲应力则只在两端分布较为对称，而在其他梁段由于扭矩的影响其分布是完全不对称的，梁顶混凝土的弯曲应力相差很大。所以，总体上说，梁体应力分布是不均匀对称的，是典型的异形块的受力变形特点。

(6)立交桥梁结构的关键部位在于交叉处异形段的构造方式，其根据结构本身上下部的不同特点及地面交通要求不同而异。主要有以下两种：

①主桥在与两分岔线相接的横梁处开始分成两支独立的桥梁结构，待浇筑完毕后才在两支线的连接处浇筑顶板、底板、翼缘板及小半径曲线腹板。这种结构适用于两分支线的交角不太大及桥面不太宽的情况。

②通过增加变宽箱室的结构形式实现变宽。这种结构适用于两分支线的交角较大且桥面较宽的情况。

(7)分析表明，复杂桥梁结构中设置抗扭双支座具有明显的抗扭作用，而在结构分岔处及曲线匝道间设置预偏心单支座，也同样能够起到较理想的抗扭作用。

(8)根据相关文献可知，曲线梁的受力性能有如下特点：

①轴向变形与平面内弯曲的耦合；

②竖向挠曲与扭转的耦合；

③曲线梁与截面畸变的耦合。

其中，最主要的是挠曲变形和扭转变形的耦合。曲梁在竖向荷载和扭矩作用下，会同时产生弯矩和扭矩，二者相互影响。同时，曲线梁内外侧支座反力不等，内、外侧反力差引起较大的扭矩，使梁截面处于“弯—扭”耦合作用状态，其截面主拉应力会有所增加。曲线梁任一截面的扭矩与支承偏心距的大小成正比，即增大支承偏心距可以提高结构的抗扭刚度，推迟扭转振型的出现，使结构的内外侧支座反力差引起的扭矩有所减小，由于“弯—扭耦合”作用，截面主拉应力会随之减小，从而有效调整了结构的内力，结构的竖向刚度也相应地增加。

(9)研究发现：若支座设置不合理，结构横向扭转效应比较显著，不利于立交桥梁结构的整体受力以及平稳行车，故设计时在保证满足抗弯刚度要求的前提下，应根据立交桥梁结构受力以及使用的实际情况，采取适当的措施来改善结构的受力性能，即如在匝道曲线跨间设置预偏心支座、在结构的端部和分岔处设置抗扭双支座来减小由于约束扭转产生的翘曲以及畸变翘曲等，尽可能提高其抗扭刚度，以满足“人”字形桥梁整体结构的稳定，有利于行车的安全。

(10)由文献可知，结构的固有频率与结构的质量以及刚度有关，但对于相同结构在具体的设计参数不同的情况下，许多因素对其频率也会有不同的影响。因此，根据典型立交桥梁动力参数分析得出：在立交桥梁结构中，采用箱形截面不仅在受力上及结构使用性能上比通常的简支板梁显得更加合理和实用，同时对提高结构的固有频率、确保行车平稳安全也是非常有利的。

(11)通过对典型立交桥梁结构的受力性能试验及承载能力评定与采用板壳有限元法分析立交桥梁的静力行为与动力性能力学分析，具有较好的耦合性。

(12)无论从理论、试验研究,还是现有的工程实例来看,振动控制技术在桥梁工程中的应用有光明的前景,同时也看到,振动控制主要在大跨径悬索桥、斜拉桥等特大桥上应用较多,在普通的复杂立交桥梁上的应用相对较少。

(13)通过对桥梁结构振动控制技术的文献研读,结合复杂立交桥梁的结构特点和受力性能,确定立交桥梁的振动控制技术及其发展方向:其一,开发新型智能材料控制系统(如SMA—橡胶隔震智能主动控制支座等);其二,为使振动控制系统被认为是桥梁不可分割的一部分,从设计理念上获得等同于钢材、混凝土的地位,把立交桥梁结构振动控制融入桥梁结构设计本身,还需要在学术导向和规范的调整上做大量的工作;其三,构建适合复杂立交桥梁振动控制的优化组合控制系统,注重控制装置的耐久性、经济性和稳定性及非线性振动控制特点。

(14)根据复杂立交桥梁结构特点和受力行为可以发现,复杂立交桥梁垮塌很多情况下是多种原因造成的,一旦某个原因占主导因素时会导致垮塌事故,预防复杂立交桥梁倒塌是个系统工程,这就要求桥梁工程参与者通力合作,任何环节的错误都应避免。

(15)设置抗扭双支座及竖向偏心单支座的桥梁结构,其主桥与匝道的刚度匹配关系较好;而设置无偏心单支座的结构,其扭转振型出现得比较早,同时在后面几阶振型中均存在不同程度的扭转变形,从而使得结构主桥与匝道的刚度匹配关系较差。

(16)在立交桥梁的端部及分岔处采用抗扭双支座能够对结构起到理想的抗扭效果。另外,在结构分岔处及匝道曲线跨中支座设置预偏心的单支座,对抗扭也能起到较好的效果,并可有效地减少结构控制截面的应力值。

(17)当减少横隔梁设置时,结构总应力会有所增加,这说明在立交桥梁中适当地设置横隔梁,在结构构造上可以有效限制横截面形状变形和扭转共同引起的横向弯曲畸变应力和纵向正应力,改善荷载横向分布。

(18)随着桥梁匝道纵向坡度的逐渐增加,结构各跨中控制截面的纵向应力计算结果有不同程度的增加,而各支点控制截面的纵向应力值有所减小,可见立交桥梁匝道纵向坡度对结构受力行为具有一定的影响。

(19)随着行车速度的增大,立交桥梁的边跨、次边跨跨中以及本体的竖向动位移、加速度峰值及冲击系数随着行驶速度的增大而单调增大,建议行车时在确保不低于限速要求的前提下尽量慢速行驶,不仅有利于行车安全,而且可以提高行车的舒适度。

(20)随着车辆载质量的增加,立交桥梁边跨、次边跨跨中以及本体的竖向动位移、加速度峰值及冲击系数均单调增加。在桥梁的日常运营管理中,应适当地限制通行车辆的载质量。

(21)随着行车间距的增大,部分立交桥梁在边跨、次边跨跨中以及本体的竖向动位移、加速度峰值及冲击系数呈单调递减,在桥梁的日常运营管理中,应在满足行车流量的情况下尽量扩大行车间距,这样不仅对桥梁减振有利,同时也对行车安全有利。

(22)随着行车车道数的增加,立交桥梁在边跨、次边跨跨中的竖向动位移、加速度峰值及冲击系数并不是简单地随着车道数的增加而单调增加。当在一车道或者两车道同向行驶时,边跨、次边跨跨中的竖向动位移、加速度峰值及冲击系数随着车道数的增加而增大;当两车道同向行驶加一车道或者两车道相向行驶时,竖向动位移和加速度峰值的变化较为复杂。

(23)随着桥面不平顺性的增大,立交桥梁边跨、次边跨跨中以及本体的竖向动位移、加速度峰值及冲击系数随着桥面不平顺性的增加而增大,在桥梁施工时应尽量减小桥面的不平顺性,同时在日常养护管理中应加强路面养护。

参 考 文 献

[1] 周斌. 预应力混凝土连续箱梁负弯矩区力学性能的分析[D]. 哈尔滨:东北林业大学,2009.

[2] 杨大海,王胜斌. 扁平流线型箱梁横梁的受力特性及实用计算方法[J]. 价值工程,2010.

[3] 汤竞兴. 预应力混凝土曲线箱梁桥支座布置效应研究[D]. 西安:长安大学,2009.

[4] 张坤,李文静. 预应力混凝土异形连续箱梁空间分析[J] . 桥梁工程,2013.

[5] 冉志红,林帆,陶蜀昆. 基于实验模态的桥梁结构动力分析理论研究[J]. 公路工程,2015.

[6] 卢彭真. "人"字形桥梁的结构计算理论与模型试验研究. 广州:广州大学,2006.

[7] 小西・小松,仓西,等. 薄肉曲线桁の基础理论[J]. 土木学会论文集,1962(87 号).

[8] 李国豪. 大曲率薄壁箱梁的扭转和弯曲[J]. 土木工程学报,1987,(2):65-75.

[9] C. P. Heins. 结构杆件的弯曲与扭转[M]. 常玲,等,译. 北京:人民交通出版社,1981.

[10] 高岛春生[日]. 曲线梁[M]. 张德礼,译. 北京:中国建筑工业出版社,1979.

[11] 姚玲森. 曲线梁[M]. 北京:人民交通出版社,1989.

[12] V. Z. Vlasov. Thin-walled elastic beams [J]. Washington D. C:National Science Foundation,1961.

[13] 段海娟,赵人达. 薄壁曲线箱梁空间分析的梁段单元[J]. 土木工程学报[J],2004,12.

[14] 段海娟. 钢筋混凝土及预应力混凝土曲线箱梁线性和非线性分析[D]. 成都:西南交通大学,2001.

[15] 黄海云. 考虑约束扭转、畸变效应的人字形桥梁受力分析[D]. 广州:华南理工大学,2002.

[16] 郭金琼,赵振铭,周瑞光. 箱形梁畸变应力计算[J]. 公路,1982,(04).

[17] 张士铎.变高度梯形单室箱梁畸变计算[J].土木工程学报,1987,(04).

[18] 张士铎,邓小华,王文州.箱形薄壁梁剪力滞效应[M].北京:人民交通出版社,1998.

[19] 唐家祥,周世军.薄壁箱梁结构性能的矩阵分析[J].土木工程学报,1987,(02):55-68.

[20] 黄建源,谢旭.城市高架桥的结构理论与计算方法[M].北京:科学出版社,2001.

[21] 黄建源.薄壁结构的扭转分析[M].北京:中国铁道出版社,1998.

[22] 吴善幸,陈华鹏,黄建源.城市不规则箱形桥梁的格子梁分析[J].宁波大学学报,1996,(03):126-134.

[23] 谢旭.曲线箱梁桥结构分析的一种有限元计算方法[J].土木工程学报,2005,2.

[24] 黄建源.预应力混凝土薄壁曲线梁空间分析的刚度法——Ⅰ.薄壁曲线梁空间分析的刚度法[J].宁波大学学报(理工版),1994,2.

[25] 丁汉山,邵容光.平面异形桥梁的分析研究[C]//第十二届全国桥梁学术会议,1996.11.

[26] 丁汉山,邵容光,丁大钧,等.异形板壳的样条子域法分析[J].西安公路交通大学学报,1999,(2):51-54.

[27] 丁汉山,邵容光,丁大钧,等.变厚度异形板壳的模型试验研究[J].土木工程学报,1997,(06):25-33.

[28] 李平,吕福生.分叉式组合结构箱梁桥设计和试验分析[C]//第十二届全国桥梁学术会议,1996,11.

[29] 李平,丛玉胜.分叉式组合结构箱梁桥设计[J].公路,1996,(11):29-31.

[30] 卢彭真,张俊平.基于梁格理论对人字形桥梁进行动力特性分析[J].西北地震学报,2006,(1).

[31] 韩皓.曲线箱梁桥横隔板的加劲作用研究[J].合肥工业大学学报,1999,8.

[32] 孙全海,王雪松.连续箱梁斜弯桥有机玻璃模型静力试验与分析[J].东北公路,2002,(04):60-61.

[33] 赵青.箱形曲线梁桥的理论分析与模型试验[J].安徽建筑工业学院学报(自然科学版),1997,(03):37-44.

[34] 黄海云,石国彬.人字形桥梁的约束扭转和畸变效应分析[J].广东公路交通,2002.

[35] 张俊平. 展翅梁结构有机玻璃模型试验研究[J]. 广州大学学报(社会科学版),2001,2.

[36] 张俊平. 桥梁隔震体系振动台试验研究（Ⅰ）——试验意义与模型设计[J]. 地震工程与工程振动,2001,4.

[37] 赵亚平,王书茂. 混凝土局部破损梁损伤诊断的振动检测方法[J]. 中国农业大学学报,2005,10 (3):15 120.

[38] 李书进,铃木祥之. 小波分析在结构健康诊断中的应用[J]. 华中科技大学学报（城市科学版）,2003,6.

[39] 王勖成. 有限单元法[M]. 北京:清华大学出版社,2003.

[40] 李人宪. 有限元法基础[M]. 北京:国防工业出版社,2002.

[41] 刘钊,王斌,孟少平. 连续分叉曲线箱梁桥的计算分析与设计探讨[J]. 公路,2003,8(8).

[42] 张俊平. 桥梁检测 [M]. 北京:人民交通出版社,2002.

[43] 项海帆. 高等桥梁理论[M]. 北京:人民交通出版社,2001.

[44] 姜海丽. 曲线梁桥的设计[J]. 黑龙江水利科技,2006,3.

[45] 平岛政治,臼木恒雄. 考虑剪切变形的任意四边形界面箱形梁畸变理论. 土木协会论文报告集(日本). No. 271,1978-3.

[46] 宋国华,罗玲,霍达. 偏心支承对45 度圆心角双跨弯箱梁桥的影响[J]. 中南公路工程,2006,4.

[47] 宋国华,王东炜. 偏心支承对30 度圆心角双跨弯箱梁桥的影响[J]. 华东公路,2005,2.

[48] 张永辉. 浅谈曲线梁桥设计要点[J]. 国防交通工程与技术,2005,2.

[49] 李建慧,宋旭明. 独柱支承预应力连续弯箱梁扭矩调整[J]. 黑龙江工程学院学报,2003,3.

[50] 杨党旗,崔飞. 独墩单铰支座曲线梁桥通病分析及治理[J]. 城市道桥与防洪,2003,5.

[51] 杨党旗. 华强立交A 匝道独柱曲线梁桥病害分析及加固[J]. 桥梁建设,2003,2.

[52] 杨党旗,崔飞. 深圳落马洲大桥长期监测与运营管理[J]. 桥梁建设,2005,2.

[53] Zureick,AL eon,R. T,etc. Curved Steel Bridges:Experi2 mental and Analytical Studies. Proceedings 2 Innovations in Structural Design:Strength,Stability,Reliability [A]. A Symposium Honoring Theodore V. Galambos,M innea-

po2lis,MN,USA,1997.

[54] 刘德华.独柱墩曲线梁桥中的支座分析[J].南京理工大学学报,2006,2.

[55] 吕玉匣,刘炎海.横隔板对多主梁结构受力行为的影响分析[J].兰州交通大学学报(自然科学版),2004,2

[56] 钟铭,袁长卿.曲线直梁隔板的检算[J].石家庄铁道学院学报,2000,6.

[57] 姚玲森,李新平.曲线梁桥的实用计算方法(比拟正交异性曲板法)[J].土木工程学报,1986,(3).

[58] 何福保.薄壁曲杆的有限元法[J].固体力学学报,1981,(02).

[59] 史家钧.薄壁箱形曲梁的有限元法[D].上海:同济大学,1981.

[60] 张叔辉.曲桥分析的薄壁箱梁单元[J].土木工程学报,1984,(02).

[61] 李欣然,卢树圣,戴公连.曲线薄壁箱梁结构的梁段单元分析[J].海南大学学报(自然科学版),1998,(4):300-304.

[62] 黄海云,张俊平.人字形桥梁受力行为的参数分析[J].广州大学学报,2003,10.

[63] 范立础.桥梁工程[M].北京:人民交通出版社,1987.

[64] R. Dabrwski. Cured thin-walled girders[M],1968.

[65] 杨昌正,宁晓骏,黄涌.不同实体单元对连续曲线箱梁空间应力分析的影响[J].公路交通技术,2006.

[66] 段海娟,赵人达,周益云.曲线梁考虑剪力滞效应的弯扭耦合分析[J].中国铁道科学,2002.

[67] 段海娟,张其林.考虑翘曲效应的薄壁曲梁几何非线性分析[J].工程力学,2004,10.

[68] 段海娟,张其林.钢筋混凝土曲线箱梁非线性分析的有限段元法[J].同济大学学报,2003,3.